CENSURE

ET

DECLARATION

DE L'ASSEMBLE'E GENERALE
DU CLERGE' DE FRANCE,

TENUE DANS LE CHATEAU DE S. GERMAIN
L'AN 1700.

SUR LA FOY ET SUR LA MORALE.

Religionem Chris-tianam fide & moribus constare, dog-matum autem tum fidei, tum morum eum-dem esse fontem, ac benè vivendi regulam ad ipsum fidei caput pertinere, Ecclesia Catholica semper intellexit. Nec minùs certum est illud omnino esse depositum, quod à Christo & Apostolis Episcopi horum succes-sores ad finem usquè saculi custodiendum re-ceperunt. Cùm igitur his-ce temporibus fides dogmatum & regula morum, vitáque Chri-

L'Eglise Catholi-que a toûjours compris que la Religion Chrétienne ren-ferme également la creance des veritez, & la pureté des mœurs; que les dogmes de la foy & les maximes de la morale ont une mê-me source, & que la regle de bien vivre est une partie de la foy même. Il n'est pas moins certain que c'est là le dépost que les Evêques ont reçû de Jesus-Christ & des Apôtres, dont ils sont les successeurs, pour le garder jusqu'à la

A

2

consommation du sie-
cle. Côme donc dans
ces temps icy la foy
des dogmes, & la re-
gle des mœurs & de
la vie chretienne, est
attaquée par diverses
erreurs, & que ces
maux-aprés avoir été
retranchez ne laissent
pas de se reproduire
de temps en temps, &
de se multiplier; Nous
Cardinaux, Archevê-
ques, & Evêques af-
semblez par la per-
mission du Roy dans
son Château de saint
Germain, & assistez
des autres Ecclesiasti-
ques Députez avec
nous, nous souve-
nans de la place que
nous occupons, &
touchez des instru-
ctions & des exemples
de nos prédecesseurs
dans de pareilles af-
semblées, nous avons
resolu de remédier de
toutes nos forces (au-
tant que le Seigneur

*stianæ, variis erroribus
impetatur, ac resecta
licet mala subindè re-
pullulent, Nos Car-
dinales, Archiepisco-
pi, & Episcopi, per-
missione Regiâ, in pa-
latio San-Germano
congregati, assistenti-
bus aliis Ecclesiasti-
cis viris nobiscum De-
putatis, loci nostri
memores, atque An-
tecessorum nostrorum,
in Comitiis quoque
generalibus, monitis
& exemplis permoti,
his Ecclesiæ laborantis
incommodis occurrere,
quantùm Dominus ex
alto concesserit, om-
ni ope decrevimus, at-
que unanimitatem no-
stram, tot tantisque
dissidiis opponendam
duximus in spiritu
caritatis, nulli per-
sonæ graves, nullis
(quoad ratio temporis
sinet) erroribus parci-
turi.*

nous en fera la grace
par le secours que nous attendons d'en haut)
à tous les maux dont l'Eglise se trouve attaquée, & d'opposer avec un esprit de charité,

l'unanimité de nos sentimens, à la diversité de tant de mauvaises opinions, sans vouloir faire peine à personne en particulier, & sans vouloir aussi épargner aucune des erreurs, suivant que le temps nous le permettra.

Sanè recentissimè, quippè hoc ipso anno M. DCC. prodiit huic Cœtui dedicatus & à Censore legitimo approbatus liber, quo, tractatui, cui titulus, Nodus prædestinationis dissolutus, *graves notæ inuruntur, Semipelagianismo quoque sæpius imputato. Sed cùm interim in præfatione libri nobis dedicati quædam occurrerent, quæ Constitutionum Apostolicarum de quinque famosis propositionibus infirmarent auctoritatem, hac & alia ejusmodi variis libellis sparsa & ad nos delata, coërcenda decrevimus, nec probatis reliquis quæ in iisdem occurrunt; neque patimur ut spes ulla cuiquam superesse possit, nostri cœtûs pertrahen-*

Il a parû tout recemment dans cette année mil sept cent un Livre dedié à nôtre Assemblée, & approuvé par un Censeur legitime, qui condamne fortement un Traité intitulé, *Le denoüement de la prédestination*, qu'il note de Semipelagianisme en plusieurs endroits. Côme neanmoins dans la preface de ce Livre qui nous a été dedié, il se trouve quelques points qui affoiblissent l'authorité des Constitutions Apostoliques sur les cinq propositions, Nous avons pris la resolution d'arrêter le cours de ces sentimens & de quelques autres qui sont répandus en divers Livres, & qui nous ont été deferez, sans approuver les au-

4

tres chofes qui s'y
rencontrent, ne pou-
vant fouffrir qu'il refte à qui que ce foit nulle efperance, d'attirer nôtre Affemblée dans
aucun parti contraire à la verité.

Nous ne voulons
pas non plus pour ce-
la tolerer certaines
gens mal intention-
nez & incommodes,
qui accufent mal à
propos de Janfenifme
d'une maniere vague
& odieufe, des perfon-
nes de pieté & d'éru-
dition, qui aiment les
interefts de l'Eglife,
par la feule raifon que
ces perfonnes là s'op-
pofent fortement à la
corruption de la mo-
rale ; car il eft de la
droiture & de l'équi-
té Epifcopale, que
nous ne tenions nul
homme pour fufpect,
que lorfqu'il refifte
aux Conftitutions A-
poftoliques, ou qu'il
foûtient quelques-u-
nes des propofitions
condamnées, & c'eft
ce qui a été plufieurs
fois ordonné par nos
Prédeceffeurs, confirmé par l'authorité du Roy,

*di in ullas veritati
contrarias partes.*

*Neque propterea to-
lerari volumus impor-
tunos ac malevolos ho-
mines, qui viris bonis,
doctifque & Ecclefia-
ftica rei ftudiofis, va-
gam & invidiofam
Janfenifmi accufatio-
nem inferunt, eo quo-
que nomine, quod mo-
rum corruptelas acriter
infectentur ; cùm nos
pro candore & æquitate
Epifcopalis ordinis, ne-
minem pro fufpecto ha-
bituri fimus, nifi eum
qui aut Conftitutioni-
bus Apoftolicis detra-
hat, aut aliquam ex
damnatis propofitioni-
bus tueatur : quod
etiam ab Anteceff] oribus
noftris fæpè fancitum,
& Regiâ auctoritate
firmatum, & ab Opti-
mo Maximoque Ponti-
fice Innocentio XII. ap-
plaudente totâ Eccle-
fiâ, conftitutum eft.*

& même par Arrêts du Conseil d'Etat des 13. Avril 1661. & 28. Octobre 1668. par les Brefs du 6. Février 1694. & du 28. Novembre 1696. du tres grand Pape Innocent XII. avec l'applaudissement de toute l'Eglise.

De Cardinali verò Cœlestino Sfondrato No-di dissoluti Authore, quid est quod solliciti simus; cùm ad Sedem Apostolicam, atque ad optimum, veréque san-ctissimum Pontificem ejus causâ delata sit; quam & Pontifex pro Apostolicæ potestatis officio judicandam susceperit, & id ipse per-scripserit ad quinque è nostris dato Brevi die 6. Maji, sui Ponti-ficatûs anno sexto, quo nihil erat optatius: quarè & à libro exa-minando nos abstinere par est, nec interim oblivisci doctrinæ ad-versùs Semipelagianos à sancto Augustino traditæ, quam & Ec-clesia Romana suam fe-cit, & Ecclesia Galli-cana jam indè ab ini-tio commendavit.

A l'égard du Cardinal Celestin Sfon-drate Autheur *du De-noüement de la pré-destination*, rien ne nous oblige à entrer dans ce qui le con-cerne, la chose ayant été portée au S. Siege & au tres bon & veri-tablement tres - saint Pape, qui par le de-voir de sa puissance Apostolique s'en est reservé le jugement, & l'a fait sçavoir à cinq de nos Confre-res par un Bref du 6. May de l'année sixié-me de son Pontificat, & on ne pouvoit rien souhaiter de mieux; c'est pourquoy il est juste de nous abstenir de l'examen de ce Li-vre, sans nous ou-blier neanmoins de la doctrine de saint Au-gustin contre les Semipelagiens, que l'Eglise Romaine a adoptée, & qu'elle a recommandée dés les premiers siecles à l'Eglise Gallicane.

Mais pour revenir presentement à l'autre point de la foy, c'est à dire à la Theologie Morale, qui dans ces divers tems a été corrompuë par la mauvaise liberté & subtilité des esprits, nous estimons devoir mettre ici à la tête de tout, les paroles d'Alexandre VII. d'heureuse memoire, *par lesquelles il témoigne avec beaucoup de douleur qu'on voit renaître plusieurs opinions déja condamnées, qui introduisent le relachement de la Discipline Chretienne, & qui causent la perte des ames, qu'on en voit même paroître de nouvelles & croître tous les jours de plus en plus la licence extrême de ces esprits indisciplinables, par laquelle il s'est*

Nunc ut ad aliud fidei caput veniamus, ad Moralem scilicet Theologiam, his postremis temporibus pravâ ingeniorum licentiâ ac subtilitate corruptam, præmittenda putamus verba felicis memoriæ [a] *Alexandri VII. quibus magno animi sui dolore* testatur *complures opiniones Christianæ disciplinæ relaxativas, atque animarum perniciem inferentes, partim antiquas iterum suscitari, partim noviter prodire; & summam illam luxuriantium ingeniorum licentiam in dies magis excrescere, per quam in rebus ad conscientiam pertinentibus modus opinandi irrepsit alienus omnino ab Evangelicâ simplicitate, sanctorumque Patrum doctrinâ, & quem si*

a. Decret. 1. Alexand. VII. 24. Sept. 1665. in præfat.

pro rectâ regulâ fideles in praxi sequerentur, ingens eruptura esset Christianæ vitæ corruptela. *Quâ sententiâ non modò errores increvisse queritur; verùm etiam, quod caput est, adnotari voluit ipsam rei tractandæ rationem eam introductam esse, unde videremus corruptelam morum non modò secuturam, verùm etiam facto velut impetu irrupturam, quàm vix cohibere possimus.*

glissé dans les choses qui regardent la conscience, une maniere d'opiner tres éloignée de la simplicité de l'Evangile & de la doctrine des saints Peres, d'où il s'ensuivroit une tres grande corruption dans la vie Chretienne, si les fidelles suivoient dans la pratique, cette maniere comme une regle bien droite. Par ce sentiment, non seulement il se plaint que les erreurs se sont augmentées, mais aussi, ce qui est le principal, il a voulu qu'on remarquât qu'il s'étoit introduit une maniere de traiter les choses, d'où s'ensuivroit certainement, comme nous le verrons, la corruption des mœurs, & qu'on la verroit même éclater avec une espece d'impetuosité, qu'on ne pourroit reprimer qu'avec peine.

Neque verò satis fuit sanctissimo Pontifici novam hanc methodum ludificandæ conscientiæ & involvendæ veritatis, hoc est ipsum mali detexisse fontem, sed exitiabilis doctrinæ rivulos in-

Mais ce n'a pas été assez pour ce tres saint Pape de nous découvrir la source du mal dans cette dangereuse methode, qui tend à enveloper la verité, & à se joüer de la conscience; Pour de-

8

fcendre encore aux ruiſſeaux de cette pernicieuſe doctrine, il a condamné & défendu pluſieurs propoſitions, *pour le moins comme ſcandaleuſes*, ſans approuver les autres qui pourroient ſe preſenter, *& cela ſous la menace du jugement de Dieu & ſous la peine d'excommunication, dont nul autre que le Pontife Romain ne pourroit abſoudre, excepté à l'article de la mort.*

Innocent XI. ayant continué un ouvrage ſi utilement commencé, a condamné & défendu ſous les mêmes peines pluſieurs autres propoſitions, avec le même ſoin & le même diſcernement de doctrine, ſans approuver toutes les autres, *& pendant qu'il a réſolu & decerné de les condamner toutes du moins comme ſcandaleuſes & pernicieuſes dans la prati-*

ſectatus, complures propoſitiones, 2 *ut minimùm tanquam ſcandaloſas, (non probatis aliis quæ occurrere poſſent,) ſub interminatione divini judicii, atque excommunicationis pœnâ, à quâ nemo poſſet, præterquam in articulo mortis, niſi à Romano Pontifice abſolvi, damnavit & prohibuit.*

3 *Quod ſalubre opus Innocentius XI. pro ſuâ pietate proſecutus, plures alias, parique doctrina ac diligentia laude ſelectas (nec probatis cæteris) ſub iiſdem pœnis damnavit & prohibuit, dumque eas omnes, ut minimum tanquam ſcandaloſas & in praxi perniciofas damnandas ſtatuit & decrevit, non tantùm à libris ac prædicatione, ſed ab omni etiam*

2 Decret. 1. & 2. Alexand. VII. in fine.
3 Decret. Fer. V. 2. Mart. 1679.

vitâ Christianâ procul amandandas judicavit.

mandandas judicavit. ment des Livres & des toute la vie Chretienne.

Atque utinam sanctissimi Pontifices Decretorum formulis, antiquo ac nostro usu receptis, quæque ad universas Ecclesias pertinerent, infandam doctrinam proscripsissent; sed dum expectamus, fore ut tantum opus more Majorum & Canonico ordine perficiant, Nos interim Cardinales, Archiepiscopi & Episcopi in unum congregati, ne dirum virus serperet, has propositiones à prædictis Pontificibus, uti memoravimus, applaudente toto orbe Christiano condemnatas, earum præcipuis expressè adnotatis, primùm ut magis in promptu essent, ad certa capita redigendas, tum censoriè notandas, & ad ampliorem Cleri

que, il a jugé qu'il falloit les bannir entierement, non seulement des Livres & des sermons, mais aussi de toute la vie Chretienne.

Plût à Dieu que ces tres saints Papes eussent proscrit pour toûjours les mauvais sentimens par les formules de leurs Decrets, qui sont reçûës par l'ancien usage & par le nôtre, & qui doivent s'étendre à toutes les Eglises; mais en attendant que les souverains Pontifes achevent un si grand ouvrage suivant la coûtume de leurs Prédecesseurs & dans les formes Canoniques: Nous Cardinaux, Archevêques & Evêques assemblez, pour ne pas laisser plus long-tems le poison se repandre, nous avons crû devoir choisir entre les propositions condamnées, comme nous l'avons dit cy-dessus avecl'applaudissement de tout le monde Chretien, par les Papes cy - deſſus nommez, & de marquer expreſſément les principales, pour les reduire d'abord à de certains chefs, afin de les avoir plus à la main pour les cenſurer enſuite & donner à chacune d'elles les qualifications qu'elles meritent, afin d'inſtruire par là plus parfaitement le Clergé & le peuple Chretien.

Il eſt incroyable combien les maux ſe ſont accrus, en établiſſant malgré la reſiſtance de toute l'Egliſe de mauvais principes; les eſprits les plus ſubtils étant uniquement occupez à ſe faire chacun une reputation d'autant plus grande d'être bons Theologiens, qu'ils auroient plus inventé de pareilles opinions, qui paſſeroient pour probables; mais de vouloir leur donner une telle authorité, ou de pretendre ſous cette apparence donner une fauſſe & nuiſible ſecurité à l'eſprit des foibles, ce n'eſt

& Chriſtianæ plebis informationem, ſuis quaſque cenſuris configendas eſſe duximus.

Sed enim incredibile dictu eſt, ex peſſimis principiis, totâ licèt Eccleſiâ reluctante, quanta malorum incrementa provenerint; ſubtilioribus ingeniis in id unum intentis, ut eò quiſque ſe vel maximè Theologum videri velit, quò plura ejuſmodi inventa in probabilitatis auctoritatê adduxerit. Verùm hæc conſtabilire, aut per eam ſpeciem mentes infirmorum in falſam & noxiam ſecuritatem inducere, nihil eſt aliud, quàm animas perdere, ac 4 doctrinas & mandata hominum, vanaſque traditiones, exemplo Phariſæorum, divini

4 Marth. 15. v. 9.

mandati loco obtrudere.

Quare tot errorum experientiâ victi, necesse habuimus ipsam malorum radicem exscindere, eam scilicet opinandi rationem, quæ ignota SS. Patribus, tanta de rebus maximis dissidia peperit, ut iisdem in parochiis, iisdem in templis passim cerneremus ab aliis teneri & ligari, quæ ab aliis solverentur, ac plebem Christianam in varia atque incerta discerpi, nec scire quibus credat; magno dedecore Ecclesiasticæ auctoritatis, magnâque apertâ januâ ad salutis incuriam & indifferentiam, quam vincere non Episcopi singulares, sed sola Episcopalis unanimitas & auctoritas possit, dicente Apostolo ...5 obsecro vos fratres . . . ut id ipsum dicatis omnes, & non sint in vobis schismata. Se-

5 1. Corinth. I. v. 10.

rien faire autre chose que perdre les ames, & substituer comme les Pharisiens à la place de la loy de Dieu, les sentimens & les ordonnances des hommes, & leurs vaines traditions.

Ne pouvant donc plus resister à l'experience de tant d'erreurs, nous avons jugé necessaire de couper la racine du mal, c'est à dire, cette maniere de former des opinions, qui ayant été inconnuë aux SS. Peres a produit tant d'oppositions de sentimens sur les choses les plus importantes, que dans les mêmes Paroisses & dans les mêmes Eglises, nous voyons refuser par les uns l'absolution des mêmes cas, dont les autres ne faisoient aucune difficulté d'absoudre, & les fidelles abandonnez à la diversité & à l'incertitude des fentimens, fans fçavoir à qui ils devoient croire, ce qui tourneroit extremement à la honte de la puiffance Ecclefiaftique, *quuntur autem damnata propofitiones, nec probatis aliis propofitionibus aut erroribus, quos pro anguftiâ temporis prætermifimus.*

ftique, & ouvriroit une grande porte à la negligence & à l'indifference du falut ; defordre qui ne pourroit être reprimé par chaque Evêque particulier, mais par la feule authorité de tous les Evêques réünis enfemble, fuivant ce qu'a dit l'Apôtre, *Je vous conjure mes freres ... de dire tous la même chofe, & de n'avoir point entre vous de partages de fentimens.* On va mettre ici les propofitions condamnées, fans approuver les autres, propofitions ou erreurs, que les bornes du temps de l'Affemblée, nous ont obligé de paffer fous filence.

CENSURE DES PROPOSITIONS.

I.

DE L'OBSERVATION

DES CONSTITUTIONS D'INNOCENT X.

ET D'ALEXANDRE VII.

SUR LES CINQ PROPOSITIONS CONDAMNE'ES.

I.

QUe les Princes qui gouvernent [6] *Am tandem Ecclefia & Regnorum*

6 Præfat. lib. cui titulus : *Auguftiniana Ecclefia Romana Doctrina, &c.*

Principes

*Principes ex hoc clarif-
fimo argumento agnof-
cant, phantafma Jan-
fenifmi quæfitum ubi-
que, fed nufquam re-
pertum præterquam in
laboranti quorumdam
phantafiâ.*

l'Eglife & les Royau-
mes, reconnoiffent en-
fin par cette raifon
tres claire, que le Jan-
fenifme eft un phan-
tôme qu'on a cher-
ché par tout, & qu'on
n'a trouvé nulle part,
excepté dans l'imagi-
nation bleffée de quel-
ques-uns.

2.

*Conftitutione Inno-
centii X. nihil aliud
actum, quàm ut reno-
varentur atque exa-
cerbarentur difputa-
tiones. . . . In eam-
dem viam pertractus
eft Alexander VII. ut
homo ab hominibus fa-
cilè impellendus, in eas
res quæ parùm ejus
officio convenirent. . . .
Innocentius quoque
XII. cùm ex officio te-
neretur claram pro-
ferre fententiam, gene-
ralibus, æquivocifque
verbis adhibitis dat
locum exiftimandi, fe
non aufum effe clariùs
loqui tanquam errare
metuentem . . . . At-*

La Conftitution d'In-
nocent X. n'a rien fait
que renouveller & é-
chauffer les difputes.
On a fait entrer dans
la même route Ale-
xandre VII. comme
un homme que d'au-
tres hômes pouvoient
aifément pouffer à des
chofes qui conve-
noient peu à fon mi-
niftere. Innocent XII.
auffi, étant obligé par
devoir de porter un
jugement clair, a don-
né lieu par des termes
generaux & équivo-
ques de penfer qu'il
n'ofoit pas parler plus
clairement, de peur
de tomber dans l'er-

reur, & l'expression du même Pape conçuë en ces termes, *dans le sens qui se presente d'abord*, est encore plus generale & plus vague, que ces paroles d'Alexandre VII. *dans le sens que Jansenius a eu dans l'esprit.* Enfin les Evêques de France ont renversé les libertez de l'Eglise Gallicane, sous pretexte de les affermir, en recevant la Constitution d'Innocent X. contre Jansenius.

Il sembloit qu'Innocent XII. avoit apporté quelque remede à ce mal, dans son Bref du 6. Fevrier 1694. mais il n'a pas peu affoibli cet adoucissement prétendu, par son Bref du 24. Novembre 1696. où il nie ouvertement que la Constitution ou Formulaire d'Alexandre VII. ait été alterée, ou réformée par son

que illud, in sensu obvio, ejusdem Pontificis, magis adhuc generale est & vagum, quàm verba Alexandri VII. in sensu à Jansenio intento. Episcopi deniquè Gallicani libertates Ecclesiæ Gallicanæ sub earum asserendarum specie labefactarunt, super recipiendâ Constitutione Innocentii X. contra Jansenium.

Aliquam huic malo medicinam attulisse videbatur Innocentius XII. in Brevi suo 6. Feb. 1694. Verùm mitigationem illam præsumptam non parùm extenuavit Brevi 24. Novemb. 1696. ubi Pontifex diserte negat Constitutionem aut Formularium Alexandri VII. Brevi suo alterata aut reformata, in aliquâ mi-

*nimâ ejus parte......
Nec placet eorum opi-
nio, quæ ex ipso primo
Brevi 6. Feb. 1694.
edito, aliquid mitiga-
tionis circa factum
tentavit exculpere.....
Sed & nihilo majorem
in quæstione juris pro-
greſſum factum eſſe,
jam quoque convenit
oſtendere.*

Bref dans la moindre de ſes parties. Et nous n'agreons point l'opinion de ceux, qui ont tenté de tirer de ſon premier Bref du 6. Fev. 1694. quelque adouciſſement à l'égard du fait... il convient même de montrer ici, qu'on n'a pas plus avancé juſqu'à preſent à l'égard de la queſtiõ de droit.

4.

*Circa condemnatio-
nem Auguſtini Janſe-
nii, opus eſſet collatione
regulari habitâ vel co-
ram judicibus à Ro-
mano Pontifice, vel à
Rege datis...... Non-
dũ omnes interierunt,
qui ſciunt deliberatio-
nes (de Janſeniano
negotio) quas nunc E-
piſcopi ut regulas ſua-
rum hodiernarum de-
liberationum (circa
novum Quietiſmum)
ſumunt, Cleri Galli-
cani æternùm fore re-
pudia.*

Pour ce qui regarde la condamnation de l'*Auguſtin* de Janſenius, il ſeroit neceſſaire de faire une confrontation dans les regles en preſence de juges donnez ou par le Pape, ou par le Roy. Pluſieurs vivent encore aujourd'huy, de ceux qui ſçavent que les deliberations tenuës ſur l'affaire du Janſeniſme, dont les Evêques ſe ſervent comme de regles dans leurs deliberations preſentes ſur le nouveau Quietiſme , feront éternellement la honte du Clergé de France.

CENSURE.

Ces quatre propofi- tions , par lefquelles des hommes inquiets méprifent ouvertement les Conftitutions d'In- nocent X. & d'Alexan- dre VII. & les Brefs juftes & approuvez par tout le monde d'In- nocent XII. outragent les Evêques de Fran- ce , qui adherent aux jugemens déja portez , demandent qu'on trai- te tout de nouveau cette caufe , comme fi elle n'étoit pas finie par tant de Conftitu- tions Apoftoliques, lors même que le confen- tement des Eglifes y eft joint , font fauf- fes , temeraires , fcan- daleufes , injurieufes au Clergé de France , aux fouverains Ponti- fes , & à l'Eglife uni- verfelle, fchifmatiques, & favorables aux er- reurs condamnées.

Hæ quatuor propo- fitiones , quibus in- quieti homines Inno- centii X. & Alexandri VII. Conftitutiones, Innocentii quoq; XII. Brevia æquiffima & ab omnibus approba- ta apertè contem- nunt, Epifcopos Gal- licanos rebus judica- tis adhærentes incef- funt maledictis , & caufam hanc de inte- gro retractari poftu- lant , tanquam tot Conftitutionibus A- poftolicis , etiam ac- cedente Ecclefiarum confenfione , caufa nondum finita fuerit, falfæ funt , temera- riæ, fcandalofæ , con- tumeliofæ in Clerum Gallicanum , fummos Pontifices & in uni- verfam Ecclefiam , fchifmaticæ & erro- ribus condemnatis fa- ventes.

II.
SUR LA GRACE.

5.

Axioma illud Theo-
logicum, facienti
quod in se est Deus
non denegat gratiam,
non solum verissimum
est, atque doctrinæ
Scripturæ, Conciliorum
& Patrum maximè
consentaneum; verùm
etiam per illud signifi-
catur obligatio, quam
Deus habet dandi gra-
tiam facienti quod in
se est; nec solum fa-
cienti quod est ex se
viribus gratiæ, sed
etiam illi qui cùm non
habeat gratiam, facit
quod in se est viribus
naturæ.

Cet axiome de Theo-
logie, *Dieu ne refu-
se point la grace à ce-
lui qui fait ce qui est
en son pouvoir*, non
seulement est tres veri-
table, & tres-conforme
à la doctrine de l'Ecri-
ture, des Conciles &
des Peres; mais, en-
core il signifie l'obli-
gation, que Dieu a de
donner la grace à ce-
lui qui fait ce qui est
en son pouvoir, &
non seulement à celui
qui fait ce qui est en
son pouvoir par les
forces de la grace,
mais même à celui
qui n'ayant point la
grace, fait ce qu'il
peut par les forces
de la nature.

6.

Quia tamen opera
viribus solius naturæ
elicita, omnino sterilia
sunt, atque incapacia
merendi dona intrin-
secè & Theologicè su-

Mais parce que les
actions faites par les
seules forces de la na-
ture, sont tout-à-fait
steriles & incapables
de meriter les dons

18

qui sont essentielle-
ment & Theologique-
ment surnaturels, c'est
pour cela que l'obli-
gation que Dieu a de
conferer la grace, à ce-
lui qui fait ce qui est
en son pouvoir par
les forces de la nature,
ou par les forces d'une
grace purement natu-
relle, ou, qui ne se-
roit pas Theologique-
ment surnaturelle, ne
vient pas de la bonté
de ces actions, ou
d'aucun merite, soit
de condignité, soit
de congruité, qui soit
dans ces actions, où
d'aucun merite par
raport à la grace,
mais du pacte fait en-
tre J. C. nôtre cau-
tion & son Pere, pour
conferer la grace aux
hommes, en vûë des
merites de J. C. re-
gardant ces actions na-
turelles comme un
pur terme, & non pas
comme aucun merite,
ou condition rigou-
reuse.

*pernaturalia : ideo
dicimus obligationem
quam Deus habet con-
ferendi gratiamfacien-
ti quod est in se viri-
bus naturæ, seu viri-
bus gratiæ purè natu-
ralis, sive non Theo-
logicè supernaturalis,
non oriri ex bonitate
talium operum, aut ex
ullo merito sivè con-
digno, sivè congruo,
quod insit in illis ope-
ribus in ordine ad gra-
tiam; sed ex pacto in-
ter Christum fidejusso-
rem nostrum & Patrem
inito, ad gratiam ho-
minibus conferendam
propter Christi merita,
respiciendo ea natu-
ralia opera ut pu-
rum terminum, non
ut meritum ullum,
aut rigorosam condi-
tionem.*

CENSURE.

Hæ duæ propositiones, quâ parte causam discernendi inter justos & non justos, in opera merè naturalia referunt, Semipelagianismũ instaurant, mutatis tantùm vocibus; Pactum autem quod inter Deum & Christum asseritur, commentum est temerarium, erroneum, nec solùm tacente, sed etiam adversante Scripturâ & S.S. Patrum traditione, prolatum.

Ces deux propositions, entant qu'elles rapportent à des actions purement naturelles la cause du discernement entre les justes & les non justes, renouvelle le Semipelagianisme, en changeant seulement les termes. Quant au Pacte qu'on établit entre Dieu & Jesus-Christ, c'est une supposition temeraire, erronée, & avancée non seulement contre le silence de l'Ecriture & des Saints Peres, mais encore contre le témoignage de l'Ecriture, & la tradition des mêmes Peres.

III.

DES VERTUS THEOLOGALES.
DE LA FOY.

7.

7 Homo nullo unquam vitæ suæ tempore tenetur elicere actum fidei, spei & charitatis, ex vi præceptorum divinorum ad eas virtutes pertinentium.

L'Homme n'est jamais obligé dans aucun temps de sa vie, de faire un acte de Foy, d'Esperance, & de Charité, en vertu des Commandemẽs de Dieu, qui regardent ces Vertus.

7 1. Alexand. V I I.

8.

C'est assez de faire une seule fois dans la vie un acte de foy.

8. Satis est actum fidei semel in vitâ elicere.

CENSURE.

Ces deux proposi-tions font scandaleu-fes, pernicieufes dans la pratique, erronées; Elles portent à l'oubly de la foy & de l'Evan-gile.

Hæ duæ proposi-tiones funt fcandalo-fæ, in praxi pernicio-fæ, erroneæ, fidei & Evangelii oblivionem inducunt.

9.

Un acte de Foy fur-naturel, & utile pour le falut, peut compa-tir avec la connoif-fance purement pro-bable de la révelation, & même avec la crain-te que quelqu'un au-roit, que Dieu n'a pas parlé.

9. Affenfus fidei fuper-naturalis & utilis ad falutem ftat cum no-titiâ folùm probabili revelationis; imò cum formidine, quâ quis formidet ne non fit lo-cutus Deus.

CENSURE.

Cette propofition eft fcandaleufe, pernicieu-fe, & elle renverfe la définition que l'Apôtre donne de la foy.

Hæc propofitio fcandalofa eft, per-niciofa, & Apoftoli-cam fidei definitio-nem evertit.

DE LA PROFESSION EXTERIEURE DE LA FOY.

10.

SI quelqu'un eft in-terrogé par une

10. SI à poteftate publi-câ quis interroge-

tur, fidem ingenuè confiteri, ut Deo & fidei gloriosum consulo; tacere, ut peccaminosum per se non damno.

puissance publique, je lui conseille côme une chose glorieuse à Dieu & à la Foy de faire un aveu sincere de sa créance; mais s'il veut garder le silence, je ne condamne pas son action, comme criminelle par elle même.

CENSURE.

Hæc propositio scandalosa est, præceptis Evangelicis & Apostolicis apertè contraria, & hæretica.

Cette proposition est scandaleuse, ouvertement contraire aux preceptes de l'Evangile & des Apôtres, & heretique.

DES MOTIFS DE CREDIBILITE'.

II.

Religio Christiana est evidenter credibilis; nam evidens est prudentem esse, quisquis eam amplexatur: non evidenter vera; nam aut obscurè docet, aut quæ docet, obscura sunt. Imò, qui aiunt Religionem Christianam esse evidenter veram, fateantur necesse est falsam evidenter esse. Infer hinc evidens non esse: 1.

LA Religion Chrétienne est évidemment croyable; car il est évident que quiconque l'embrasse agit prudemment : elle n'est pas évidemment vraye, car, ou elle enseigne avec obscurité, ou les choses qu'elle enseigne, sont obscures. Bien plus, ceux qui disent que la Religion Chrétienne est évidemment

vraye, sont forcez d'a-
vouer qu'elle est évi-
demment fausse. In-
férez de là qu'il n'est
pas évident, 1. Qu'il
y ait à présent sur la
terre aucune Religion
véritable ; car d'où
avez-vous, que toute
chair n'a pas corrom-
pu sa voye ? 2. Qu'il
n'est pas non plus é-
vident, que de toutes
celles qui sont sur la
terre, la plus vrai-sem-
blable soit la Chre-
tienne ; car avez-vous
parcouru tous les
païs, ou connoissez-
vous qu'ils ont été
parcourus par d'au-
tres ? 3. Que la Divi-
nité de Jesus-Christ
ait été manifestement
connuë par les Apô-
tres, & par les de-
mons ; car si vous le
dites, il faut que vous
disiez qu'il est mani-
feste que J. C. est
Dieu. 4. Que les ora-
cles des Prophetes
ayent été inspirez de Dieu ; car que m'op-
poserez-vous, si je nie que ces oracles ayent

Quod existat nunc in
terris aliqua vera re-
ligio : unde enim ha-
bes non omnem car-
nem corrupisse viam
suam ? 2. Quod omni-
um , qua in terrâ
sunt , veri-simillima
sit Christiana : an
enim terras omnes per-
agrasti , aut pera-
gratas ab aliis esse
nosti ? 3. Quod & A-
postolis & dæmonibus
manifesta fuerit divi-
nitas Christi ; id enim
si doces, docere te opor-
tet Christum manifeste
Deum esse. 4. Quod
afflante Deo, fusâ sint
Prophetarum oracula ;
quid enim mihi oppo-
nas , si vel negem illa
fuisse vera vaticinia ;
vel affirmem fuisse con-
jecturas ? 5. Quod ve-
ra fuerint, qua à Chri-
sto edita fuisse com-
memorantur miracu-
la ; quanquam nega-
re hac nemo prudenter
potest.

été de vrayes prédictions, ou si j'assure qu'elles n'ont été que des conjectures ? 5. Que les
miracles qu'on dit avoir été faits par J. C.
ayent été de vrais miracles, quoique personne ne puisse le nier prudemment.

CENSURE.

Doctrinâ hâc pro-
positione contenta,
impia est, blasphe-
ma, erronea, & ini-
micis Christianæ re-
ligionis fayere.

La doctrine conte-
nuë dans cette propo-
sition, est impie, blas-
phematoire, erronée,
& elle favorise les en-
nemis de la Religion
Chrétienne.

12.

Evidens non est evi-
dentiâ morali propriè
dictâ, & physicâ, Reli-
gionem Catholicam esse
veram.

Il n'est pas évident
d'une évidence mo-
rale proprement dite
& physique, que la
Religion Catholique
est la vraie Religion.

CENSURE.

Hæc propositio do-
ctrinam superiori pro-
positioni consentaneâ
continens, temeraria
est, & in errorem in-
ducens.

Cette proposition qui
contient une doctrine
conforme à celle de la
proposition précedente,
est temeraire, & in-
duit en erreur.

DES CHOSES QU'IL FAUT CROIRE
D'UNE FOY DISTINCTE ET DEVELOPE'E.

13.

Non nisi fides u-
nius Dei necessa-

Il n'y a que la foi
d'un Dieu unique

24

qui soit necessaire de necessité de moïen, mais la foy distincte d'un Dieu Remunerateur ne l'est pas.

ria videtur necessitate medii, non autem explicita Remuneratoris.

14.

La foy prise dans un sens moins propre, fondée sur le témoignage des creatures, ou sur quelqu'autre semblable motif, suffit pour la justification.

12 Fides latè dicta ex testimonio creaturarum, simili-ve motivo, ad justificationem sufficit.

15.

Un homme, quoiqu'il soit dans l'ignorance des mysteres de la foi, ne laisse pas d'être capable d'absolution, quand même il ignoreroit le mistere de la tres - sainte Trinité, & de l'incarnation de Nôtre-Seigneur par une negligence criminelle.

13 Absolutionis capax est homo, quantumvis laboret ignorantiâ mysteriorum fidei, & etiamsi per negligentiam etiam culpabilem, nesciat mysterium sanctissimæ Trinitatis & Incarnationis Domini.

CENSURE.

Ces trois propositions sont outrageuses à l'égard de Dieu Remunerateur, & du nom de nôtre Mediateur J. C. erronées & heretiques.

14 Hæ tres propositiones, in Deum Remuneratorem, & in Christi Mediatoris nomen contumeliosæ sunt, erroneæ & hæreticæ.

12 23. Inn. XI. 13 64. Inn. XI. Censura Lovan. 1653. Prop. 17.
14 Hebr. XI. v. 6. Act. 4. v. 12.

IV. DE

IV.
DE L'AMOUR DE DIEU.

16.

15 *Sufficit ut actus moralis tendat in finem ultimum interpretativè : hunc homo non tenetur amare, neque in principio, neque in decursu vitæ moralis.*

IL suffit pour qu'un acte soit moral, qu'il tende d'une maniere interpretative à la fin derniere ; l'homme n'est point obligé d'aimer cette fin, ni dans le commencement, ni dans le cours de sa vie.

CENSURE.

Hæc propositio est hæretica.

Cette proposition est heretique.

17.

16 *An peccet mortaliter, qui actum dilectionis Dei semel tantùm in vitâ eliceret ? Condemnare non audemus.*

Sçavoir si celui qui ne feroit qu'une seule fois dans sa vie, un acte de l'amour de Dieu, pécheroit mortellement ? C'est ce que nous n'osons pas condamner.

18.

17 *Probabile est ne singulis quidem rigorosè quinquenniis per se obligare præceptum charitatis erga Deum.*

Il est probable que le precepte de la charité à l'égard de Dieu, de soy n'oblige pas à la rigueur, même de cinq ans en cinq ans.

19.

18 *Tunc solùm obligat*

Il oblige seulement

15 Alex. VIII. 24. Aug. 1690.
16 5. Inn. XI.   17   6. Ejusd.   18   7. Ejusd.

C

lorſque nous ſommes obligez de nous juſtifier, & que nous n'avons point d'autres voyes que celle là, pour pouvoir parvenir à nôtre juſtification.

quando tenemur juſtificari, & non habemus aliam viam, quâ juſtificari poſſimus.

20.

Le Commandement de l'amour de Dieu, n'oblige de ſoy qu'à l'article de la mort.

Præceptum amoris Dei, per ſe tantùm obligat in articulo mortis.

21.

Le Précepte affirmatif de l'amour de Dieu & du prochain, n'eſt pas un précepte particulier, mais un precepte general, auquel on ſatisfait par l'accompliſſement de tous les autres.

Præceptum affirmativum amoris Dei & proximi non eſt ſpeciale, ſed generale, cui per aliorum præceptorum adimpletionem ſatisfit.

CENSURE.

Ces propoſitions ſont ſcandaleuſes, & pernicieuſes, elles offenſent les oreilles pieuſes, elles ſont erronées & impies, elles aneantiſſent le premier & le tres-grand Commandement; & elles éteignent l'eſprit de la loy Evangelique.

Hæ propoſitiones ſunt ſcandaloſæ, pernicioſæ, piarum aurium offenſivæ, erroneæ, impiæ, primum & ſummũ mandatum irritum faciunt, atque Evangelicæ legis ſpiritum extinguunt.

V.
DE L'AMOUR DU PROCHAIN.

22.

19 *NON tenemur proximum diligere actu interno & formali.... Præcepto proximum diligendi, satisfacere possumus per solos actus externos.*

NOus ne sommes point obligez d'aimer le Prochain, par nul acte interieur & formé ; nous pouvons satisfaire à ce precepte, par les seuls actes exterieurs.

23.

20 *Si cum debitâ moderatione facias, potes absque peccato mortali, de vitâ alicujus tristari, & de illius morte naturali gaudere, illam inefficaci affectu petere & desiderare, non quidem ex displicentiâ persona, sed ob aliquod temporale emolumentum.*

Vous, pouvez en gardant une juste moderation, sans commettre aucun peché mortel, vous affliger de la vie de quelqu'un, & vous réjouïr de sa mort naturelle, la demander & la desirer d'un desir inefficace, non pas par aversion pour la personne, mais pour quelque avantage temporel.

24.

21 *Licitum est absoluto desiderio cupere mortem Patris, non quidem ut malum Patris, sed ut bonum cupientis, quia nimirùm ei*

Il est permis de desirer d'un desir absolu la mort de son pere, non pas en la regardant comme le mal de ce pere, mais com-

19 Inn. XI. 10. & 11.
20 Ejusdem 13.　21 Ejusd. 14.

C ij

me le bien de celuy qui la desire , parce que par elle il luy doit revenir une bonne succession.

obventura est pinguis hæreditas.

25.

On nous recommande le pardon des injures, comme quelque chose de plus parfait, de même qu'on nous recommande la virginité , par préférance au mariage.

Injuriarum condonatio commendatur nobis ut quid perfectius, sicut commendatur virginitas præ conjugio.

CENSURE.

La doctrine de ces propositions est scandaleuse , & pernicieuse , elle blesse les oreilles pieuses , elle est contraire au second Commandement de la charité , heretique à l'égard de quelques - unes de ces propositions , & elle éteint dans les parens même , aussi - bien que dans les enfans tout sentiment d'humanité.

Harum propositionum doctrina scandalosa & perniciosa est , piarum aurium offensiva , & secundo caritatis præcepto contraria , respective hæretica , & omnem vel in ipsis parentibus & liberis humanitatis sensum extinguens.

V I.
DES FESTES.

26.

22 *PRæceptum ser-vandi festa non obligat sub mortali, seposito scandalo, si absit contemptus.*

LE Commandemẽt de garder les Fêtes, n'oblige point sur peine de peché mortel, pourvû qu'il n'y ait ni scandale, ni mépris en ne les observant point.

CENSURE.

Hæc propositio est scandalosa, ad violandas leges tum Civiles, tum Ecclesiasticas vel etiam Apostolicas viam aperit, ac proinde Superiorum authoritate prohibenda.

Cette proposition est scandaleuse, elle ouvre le chemin à la transgression des loix Civiles, Ecclesiastiques, & même Apostoliques, & ainsi elle doit être condamnée & défenduë par l'authorité des Superieurs.

V I I.
DE L'HOMICIDE.

27.

23 *LIcitum est filio gaudere de parricidio parentis, à se in ebrietate perpetrato, propter ingentes divitias, inde ex hæreditate consecutas.*

IL est permis à un fils de se réjouïr du parricide de son pere, qu'il avoit commis étant yvre, à cause des grands biens qu'il en auroit herité.

22. Inn. XI. 52. Censur. Lovan. 1653. Prop. 8.
23 Ejusdem 15.

C iij

CENSURE.

Cette proposition est fausse, scandaleuse, execrable, contraire à la pieté envers les parens, & elle ouvre la porte à la cruauté & à l'avarice.

Hæc propositio est falsa, scandalosa, execranda, pietati erga parentes contraria, viam crudelitati & avaritiæ aperiens.

28.

Il est permis à un Religieux, ou à un Clerc, de tuer un calomniateur qui le menace de publier contre lui, ou contre sa Religion des crimes considerables, lorsqu'il n'a point d'autre moïen de se défendre, comme certainement il semble qu'il n'en ait point, lorsque le calomniateur est prest de soûtenir publiquement, & en présence de personnes graves, ces sortes de crimes, à moins qu'on ne le prévienne en le tuant.

[24] *Est licitum Religioso vel Clerico, calumniatorem gravia crimina de se, vel de suâ religione spargere minantem occidere, quando alius modus defendendi non suppetit, uti suppetere non videtur, si calumniator sit paratus vel ipsi Religioso, vel ejus religioni publicè, & coràm gravissimis viris prædicta impingere, nisi occidatur.*

29.

Il est permis de tuer un faux accusateur, de faux témoins, & même un Juge qu'on

[25] *Licet interficere falsum accusatorem, falsos testes ac etiam judicem, à quo iniqua*

24 Alex. VII. 17. Censur. Lovan. 1653. Prop. 7.
25. Ejusd. 18. ejusd. Cens. 1657. Prop. 5.

certò imminet senten-
tia , si aliâ viâ non
potest innocens dam-
num evitare.

assure qui va rendre
incessamment une sen-
tence injuste, si celui
qui est innocent n'a
point d'autre voie d'é-
viter ce mal.

CENSURE.

Hæ duæ proposi-
tiones sunt scandalo-
sæ , erroneæ, Decalo-
go apertè repugnant,
cædibus patrocinan-
tur , & Magistratibus;
ipsique humanæ so-
cietati certam perni-
ciem intentant.

Ces deux proposi-
tions sont scandaleu-
ses , erronées , manife-
stement contraires au
Decalogue, propres à fa-
voriser les meurtres, &
tendantes à attenter sur
la vie des Magistrats ,
& à ruiner entierement
la societé humaine.

30.

26 Non peccat mari-
tus occidens propriâ
authoritate uxorem in
adulterio deprehensam.

Un mari qui de sa
propre authorité tuë
sa femme , qu'il sur-
prend en adultere, ne
peche point.

CENSURE.

Hæc propositio est
erronea , crudelita-
tem, privatamque vin-
dictam approbat.

Cette proposition est
erronée, & elle autho-
rise la cruauté & la
vengeance , qu'on tire
par authorité privée.

31.

27 Fas viro honorato
occidere invasorem, qui

Il est permis à un
homme d'honneur, de

26 Alexand. VII. 19.
27 Inn. XI. 30. Cens. Lovan. 1657. Prop. 4.

tuerun aggresseur vio-
lent, qui s'efforce de
le calomnier, si on ne
peut autrement éviter
cette ignominie. Il
faut dire le même,
lorsque quelqu'un
donne un soufflet ou
un coup de baston, &
qu'aprés le soufflet, ou
le coup donné, il s'en-
fuit.

*nititur calumniam in-
ferre, si aliter hac
ignominia vitari ne-
quit : idem quoque
dicendum, si quis im-
pingat alapam, vel
fuste percutiat, &
pòst impactam alapam,
vel ictum fustis fu-
giat.*

CENSURE.

*Cette proposition est
scandaleuse, erronée,
elle authorise le faux
honneur du monde,
elle excuse la ven-
geance & les homici-
des.*

Hæc propositio est
scandalosa, erronea,
mundano honori ser-
vit, ultionem & ho-
micidia excusat.

32.

Il est permis de pro-
curer l'avortement a-
vant que le fruit soit
animé, de péur que
la fille étant reconnuë
dans le mauvais état
où elle est, ne soit ou
tuée ou déshonorée.

*28 Licet procurare ab-
ortum ante anima-
tionem fœtus, ne
puella deprehensa gra-
vida occidatur, aut
infametur.*

33.

Il paroît probable
que tout enfant qui
est dans le sein de sa

*29 Videtur probabile
omnem fœtum, quan-
diù in utero est*

28 Inn. XI. 34. Cens. Lovan. 1657. Prop. 9.
29 Ejusdem 35. Ejusd. Censur. 6.

carere animâ ratio-
nali , & tunc pri-
mùm incipere eandem
habere, cùm paritur ;
ac consequenter di-
cendum in nullo ab-
ortu homicidium com-
mitti.

mere n'a point d'ame
raisonnable , & qu'il
ne commence à en
avoir une, que dans le
moment qu'on le met
au monde ; & consé-
quemment, il faut di-
re que dans nul avor-
tement , on ne com-
met d'homicide.

C E N S U R E.

Hæ propositiones
sunt scandalosæ , er-
roneæ, infandis ho-
micidiis , & parrici-
diis procurandis ap-
tæ : 30 homicidii enim
festinatio, est prohibe-
re nasci ; nec refert
natam quis eripiat
animam , an nascen-
tem disturbet.

Ces propositions sont
scandaleuses , erronées,
& propres à procurer
les homicides & les par-
ricides les plus horri-
bles, car c'est se de-
pêcher de commettre
un homicide , que
d'empêcher de naître;
& il n'y a point de dif-
ference entre arracher

l'ame avant la naissance , ou de le faire dans
le temps de la naissance même.

34.

31 Regulariter occide-
re possum furem , pro
conservatione unius
aurei.

Regulierement par-
lant, je puis tuer un
voleur pour conser-
ver un écu.

35.

32 Licitum est tam

Il est également

30 Tertull. Apolog. cap. 9.   31 Inn. XI. 31.
32 Ejusd. 33. Censur. Lovan. 1653. Prop. 13.

§ 4

permis à un heritier &
à un legataire, de se
défendre jusques à
tuer celui qui l'em-
pêche injustement, de
se mettre en posses-
sion de l'heritage, ou
de se faire délivrer
des legs, de même
qu'il est permis à ce-
lui qui a droit sur une
chaire, ou une preben-
de, d'en user ainsi contre une personne, qui
l'empêcheroit injustement de jouïr de son
droit.

*hæredi, quàm legata-
rio, contra injustè im-
pedientem, ne vel hæ-
reditas adeatur, vel
legata solvantur, se
taliter defendere, (de-
fensione occisivâ) si-
cut & jus habenti in
cathedram vel præbén-
dam, contra eorum pos-
sessionem, injustè impe-
dientem.*

§ 6.

Il est permis de tuer
non seulement pour
défendre sa vie, mais
aussi les biens tempo-
rels dont la perte iroit
à un dommage tres-
considerable.... Nous
avouons que cela est
plus rarement permis
aux Ecclesiastiques...
Cependant s'il arri-
voit qu'un tel mal,
c'est à dire ce dom-
mage tres-considera-
ble deust s'ensuivre,
il leur sera permis
aussi-bien qu'aux au-
tres de défendre leur bien en tuant le voleur.

*Non solùm vitam,
sed etiam bona tem-
poralia. quorum ja-
ctura esset damnum
gravissimum, lici-
tum est defensione oc-
cisivâ defendere ....
Fatemur rariùs lici-
tum esse Ecclesiasti-
cis .... Si tamen ali-
quando futurum con-
tingat tale malum,
(id est gravissimum
damnum) etiam ipsis
licitum erit, bona ista
cum occisione furis de-
fendere.*

33 Hæ propositiones legi Dei, & ordini caritatis divinitùs instituto, contrariæ sunt, perniciosæ, & erroneæ.

Ces propositions sont contraires à la loy de Dieu, & à l'ordre de la charité divinement établi, pernicieuses, & erronées.

37.

Quando quis decrevit te occidere, & hoc alicui manifestavit, sed nondùm cœpit id exequi, potes eum prævenire, (occidendo) si aliter non potes effugere: ut si maritus pugionem habeat sub cervicali ad occidendam noctu conjugem; si quis venenum tibi propinandum paraverit; si Rex unus adversùs alium classem adornarit.

Quand quelqu'un a resolu de se défaire de vous, & qu'il l'a manifesté à quelqu'autre, mais qu'il n'a pas encore cōmencé d'executer son dessein, vous pouvez le prévenir en le tuant, s'il ne vous est pas possible d'échaper autrement; Par exemple, si un mari a sous son chevet un poignard pour tuer sa femme pendant la nuit. Si quelqu'un a préparé le poison qu'il veut vous faire avaler, & si un Roy a fait les préparatifs d'une armée navale contre un autre Roy.

38.

Si arma quidem necdùm paravit, sed habet tantùm decretum firmum & efficax te occidendi, quod

Si cet homme n'a pas encore à la verité preparé les armes dont il veut se servir, mais qu'il ait seule-

33 Exod. 22. v. 2. & 3.

ment pris la refolu-
tion ferme & efficace
de vous tuer, refolu-
tion qui vous foit
connuë ou par reve-
lation divine, ou par
la connoiffance qui en
aura été donnée con-
fidemment à vos amis,

*tibi vel revèlatione
divinâ, vel manifef-
tatione confidenter a-
micis factâ innotef-
cat, potes prævenire;
quia per iftud decre-
tum, etfi purè inter-
num, fufficienter cen-
fetur effe aggreffor.*

vous pouvez le prévenir; & la raifon eft que
par cette refolution, quoique purement interieure, il eft cenfé fuffifamment être aggreffeur.

CENSURE.

*La doctrine renfer-
mée dans ces deux pro-
pofitions eft contrai-
re au droit naturel,
au droit divin, au
droit pofitif, & au
droit des gens, el-
le ouvre le chemin
à des meurtres dete-
ftables & au Fanatif-
me, elle renverfe la
focieté humaine, &
elle expofe les Rois mê-
me au plus eminent
de tous les perils.*

Doctrina his dua-
bus propofitionibus
contenta, juri natura-
li, divino, pofitivo, &
Gentiũ contraria eft,
nefandis cædibus &
Fanatifmo viam fter-
nens, focietatis hu-
manæ perturbativa,
Regibus quoque præ-
fentiffimum pericu-
lum creat.

39.

En quel endroit eft
écrite la permiffion de
Dieu expreffe, faite
aux Rois & aux Répu-

*Ubi eft fcripta ex-
preffa permiffio à Deo,
ut Reges & Refpubli-
ca poffint interficere
reos?*

veos ? *An est in Scri-*
ptura ? An in Tradi-
tione ? Est ne fidei ar-
ticulus ? Si solo lumi-
ne naturali eò duci-
mur, patere ut ex
eôdem lumine natu-
rali judicemus, quid
cuique privato liceat,
in occidendo aggresso-
re non solùm vita, ve-
rùm etiam honoris &
rei.

bliques d'ôter la vie
aux criminels ? est-ce
dans l'Ecriture ? est-
ce dans la Tradition ?
est-ce un Article de
foy ? Si nous sommes
conduits par la seu-
le raison naturelle,
souffrez que par la
même lumiere de la
nature, nous jugions
de ce qui est permis
à chaque particulier,

pour tuer celuy qui l'attaque non seulement
dans sa vie, mais encore dans son honneur
& dans ses biens.

CENSURE.

Doctrina hac pro-
positione contenta &
illata, scandalosa est,
erronea, & hæretica,
Regibus & Rebuspu-
blicis injuriosa, vanis
ratiociniis & regulis
vitam hominum &
morum decreta sub-
jiciens.

La doctrine qui est
contenuë dans cette
proposition, & qui en
est inferée est scan-
daleuse, erronée, &
heretique, injurieuse
aux Rois & aux Re-
publiques, & elle af-
sujetit la vie des hom-
mes & les loix de la
Morale à de vains
raisonnemens & à de
fausses regles.

VIII.
DU DUEL.

40.

UN homme d'é-pée appellé en duel peut l'accepter, de peur de passer pour un lâche dans l'esprit des autres.

34 *Vir equestris ad duellum provocatus potest illud acceptare, ne timiditatis notam apud alios incurrat.*

41.

Il peut aussi appeler en duel, s'il ne peut pas autrement sauver son honneur.

35 *Potest etiam duellum offerre, si non aliter honori consulere possit.*

CENSURE.

La doctrine renfermée dans ces propositions est fausse, scandaleuse, contraire au droit divin & humain, tant canonique que civil, & même au droit naturel.

Doctrina his propositionibus contenta falsa est, scandalosa, contraria juri divino & humano, tam ecclesiastico quàm civili, imò & naturali.

IX.
SUR LA CHASTETÉ.

42.

IL paroît si clair que la fornication de soy n'enferme nulle malice, & n'est mauvaise que parce qu'el-

36 *Tam clarum videtur fornicationem secundùm se nullam involvere malitiam, & solùm esse*

34 3. Alexand. Censura Lovan. 1653. Prop. 15.
35. Censura Guimen. p. 5.   36 48. Inn. XI.

malam, quia interdicta, ut contrarium omnino rationi diffonum videatur.

le eft défenduë, qu'il femble que le contraire eft tres oppofé à la raifon.

43.

37 Copula cum conjugatâ confentiente marito, non eft adulterium; adeòque fufficit in confeffione dicere fe effe fornicatum.

Le commerce avec une femme mariée, lorfque le mari y confent, n'eft point un adultere, c'eft pourquoy il fuffit en s'en confeffant, de dire qu'on eft tombé dans la fornication.

CENSURE.

Doctrina his propofitionibus contenta fcandalofa eft, perniciofa, caftarum & piarum aurium offenfiva & erronea.

La doctrine contenuë dans ces propofitions eft fcandaleufe, & pernicieufe : Elle bleffe les oreilles chaftes & pieufes ; & elle eft erronée.

44.

In hac vi & metu infamiâ mortifque, poterat Sufanna dicere; non confentio actui, fed patiar & tacebo, ne me infametis & adigatis ad mortem..... Fortè Sufanna id vel nefciebat, vel non cogita-

Dans la violence & dans la crainte de l'infamie, & de la mort dontSufanne étoit menacée, elle pouvoit dire, je ne confents point au crime; mais je le fouffriray & je me tairay, de peur que vous ne me diffamiez, & que vous ne m'exposiez à la mort : peut-être qu'elle ne sçavoit pas cela, ou qu'elle n'y pensoit pas ; car c'est ainsi que des filles chastes & honnestes se croyent coupables, comme si elles consentoient en effet à leurs corrupteurs, quand elles ne leur resistent pas par leurs cris, par leurs actions & par toutes sortes d'efforts. Susanne auroit pû dans un si grand peril d'infamie & de mort demeurer d'une maniere passive, & s'abandonner à la

bat : sic enim honestæ, castæque virgines putant se esse reas, seque consentire lenonibus, si non clamore, manibus, totisque viribus resistant... Potuisset Susanna in tanto periculo infamia & mortis negativè se habere, & permittere in se eorum libidinem, modò interno actu in eam non consensisset, sed eam detestata & execrata fuisset ; quia majus bonum est vita & fama, quàm pudicitia ; unde hanc pro illâ exponere licet.

passion de ceux qui la sollicitoient, pourvû qu'elle n'y eût point consenti par un acte interieur ; mais qu'elle l'eût euë en horreur & en execration, parce que la vie & la reputation sont un plus grand bien que la chasteté. Et ainsi il est permis d'exposer celle-cy, pour sauver les deux autres.

CENSURE.

Cette proposition est temeraire, & scandaleuse, elle offense | 38 *Hæc propositio temeraria est, scandalosa, castarum au*

38. Deuter. 22. v. 23. & seq.

sium offensiva , erro-
nea , & legi Dei con-
traria.

les oreilles chastes , elle
est erronée, & contraire
à la loy de Dieu.

X.

SUR LE VOL, SUR LE GAIN SORDIDE,
ET SUR LA CORRUPTION DES JUGES.

45.

39 PErmissum est fu-
rari , non solùm
in extremâ necessitate,
sed etiam in gravi.

IL est permis de vo-
ler , non seulement
dans l'extrême neces-
sité , mais aussi dans
un grand besoin.

CENSURE.

Hæc propositio
quatenus furtum per-
mittit in gravi neces-
sitate, falsa est, teme-
raria , & Reipublicæ
perniciosa.

Cette proposition en-
tant qu'elle permet le
larcin dans un grand
besoin, est fausse , te-
meraire , & pernicieu-
se au bien public.

46.

40 Famuli & famulæ
domesticæ possunt oc-
cultè heris suis surri-
pere ad compensandam
operam suam , quam
majorem judicant sa-
lario , quod recipiunt.

Les serviteurs &
les servantes domesti-
ques peuvent prendre
en cachette à leurs
maîtres , dequoy re-
compenser le service
qu'ils leur rendent ,
lors qu'ils le jugent plus grand , que les ga-
ges qu'ils en reçoivent.

CENSURE.

Hæc propositio fal-

Cette proposition est

39 36. Inn. Censur. Lovan. 1657. Prop. 8. Censur.
Guimen. p. 19.
40 37. Innoc. Censur. Lovan. 1657. Prop. 9.

fauſſe, elle oüvre le chemin au vol, & elle renverſe la fideli-té des gens qui ſervent.

ſa eſt, furtis viam aperit, & famulorum fidem labefactat.

47.

Une femme peut prendre à ſon mari de l'argent, même pour jouer, ſi elle eſt de telle condition, que le jeu à ſon égard paſſe pour auſſi neceſ-ſaire que ſont les ali-mens & la nourriture.

41 *Poteſt uxor viro ſurripere pecuniam etiam ad ludendum, ſi mulier talis ſit con-ditionis, ut ludus ho-neſtus, pari loco cum alimentis ac victu ha-beatur.*

CENSURE.

Cette propoſition eſt temeraire & ſcanda-leuſe, & elle trouble la paix des familles; mais ce qu'on ajoû-te du jeu, en le met-tant en parallele avec les alimens, ne fait que joindre à l'inju-ſtice du larcin, de tres mauvais artifices pour tromper, & introduit dans la vie humai-ne, des neceſſitez tres oppoſées à la ſimplicité, & à l'honnêteté Chretienne.

.Hæc propoſitio te-meraria eſt, ſcanda-loſa,& familiarum pa-cem perturbat. Quod autem de ludo,alimen-tis æquiparando addi-tur, furti iniquitati peſſimas fallendi ar-tes adjungit; & in vitam humanam ne-ceſſitates inducit à Chriſtianâ ſimplicita-te & honeſtate abhor-rentes.

48.

Nul n'eſt tenu ſous

42 *Non tenetur quis*

41 Vic. Gener. Pariſ. Cenſur. Apol. p, 18.
42 38. Inn.XI. Cenſur. Lovan. 1653. Prop. 16.

sub pœnâ peccati mortalis, restituere quod ablatum est per pauca furta, quantumcumque sit magna summa totalis.

peine de peché mortel, de restituer ce qu'il a pris par de petits vols, quelque grande que soit la somme totale.

CENSURE.

Hæc propositio est falsa, perniciosa, & furta etiam gravia approbat.

Cette proposition est fausse, & pernicieuse, & elle approuve les larcins même considerables.

49.

43. *Qui alium movet aut inducit ad inferendum grave damnum tertio, non tenetur ad restitutionem istius damni illati.*

Celuy qui porte ou induit un autre à faire quelque grand dommage à un tiers, n'est point obligé à restituer ce dommage, que ce tiers a souffert.

50.

44. *Etiamsi donatario perspectum sit bona sibi donata à quopiam, eâ mente ut creditores frustretur, non tenetur restituere, nisi eam donationem suaserit, vel ad eam induxerit.*

Quoy qu'un homme à qui l'on a fait une donation, connoisse qu'on la luy a faite à dessein de frustrer des creanciers, il n'est pas obligé à restituer, à moins qu'il n'ait persuadé cette donation, ou qu'il n'y ait induit le donateur.

43   39. Inn. XI. Cenf. Lovan. 1657. Prop. 32.
44   Vic. Gen. Parif. Cenf. p. 16.

CENSURE.

Ces propositions sont fausses & temeraires; elles favorisent les dols & les fraudes ; & elles sont contraires aux regles de la justice.

Hæ propositiones falsæ sunt , temerariæ , fraudibus & dolis patrocinantur , & justitiæ regulis repugnant.

51.

Les Enchanteurs & tous les autres trompeurs , les Magiciens, les gens qui font profession de l'Astrologie judiciaire , les Devins , & les faiseurs de prédictions & d'horoscopes cherchant à gagner par toutes sortes de mauvais artifices, garder ce qu'ils ont acquis par ces moyens.

Incantatores , aliique ejusmodi deceptores (Magi , Astrologia judiciaria professores , Arioli , Conjectores). ex pessimis quibusque artibus captantes lucrum , licitè servare possunt bona his mediis acquisita, peuvent en conscience

CENSURE.

Cette proposition entenduë des fausses adresses & des artifices trompeurs , dont il y est parlé, est fausse, temeraire , & propre à fomenter les illusions même du Demon.

Hæc propositio intellecta de prædictis falsis ac deceptoriis artibus falsa est , temeraria, fovendis fallaciis etiam diabolicis idonea.

52.

Quand deux personnes qui plaident

45 Quando litigantes habent pro se opiniones

aquè probabiles, poteſt judex pecuniam accipere pro ferendâ ſententiâ in favorem unius præ alio.

ſont fondées ſur des opinions également probables, un Juge peut recevoir de l'argent pour juger en faveur de l'une plutôt que de l'autre.

53.

46 *Poſſunt judices accipere munera à litigantibus, nec tenentur reſtituere quæ acceperint ad pronuntiandam ſententiam injuſtam.*

Les Juges peuvent recevoir des preſens des parties, & ne ſont pas obligez de reſtituer ce qu'ils ont reçû pour juger injuſtement.

CENSURE.

Hæ propoſitiones falſæ ſunt, pernicioſæ, verbo Dei contrariæ, & judicum corruptelas inducunt.

Ces propoſitions ſont fauſſes, pernicieuſes, contraires à la parole de Dieu, & portent les Juges à ſe laiſſer corrompre.

XI.
DE L'USURE.

54.

47 *Contractus Mohatra, (id eſt, ille contractus quo à mercatore res majore pretio ad certum tempus ſolvendodiſtrahuntur, ac ſtatim ab eodem,*

LE Contrat appellé *Mohatra,* (c'eſt-à-dire, *celuy par lequel on achete des marchãdiſes d'un marchand à un plus grand prix, qui doit être pajé*

46. Vic. Pariſ. Cenſur. p. 13. Senon. p. 14. n. 0. & 11.
47. 40. Inn. XI. Cenſur. Lovan. 1657. Prop. 14.
Cenſur, Vic. Gén. Pariſ. p. 13. 14. & ſeq.
Cenſur. Apol. Facult. Pariſ. 1658. p. 15. Cenſur. Guimen. p. 8.

dans un certain temps, & sur le champ, sans déroger à cet a-chapt, on les revend à moindre prix argent comptant) eſt permis même à l'égard de la même perſonne, & quoique le vendeur *ſtante eo contractu, minore pretio, præſente pecuniâ redimuntur,) licitus eſt etiam reſpectu ejuſdem perſonæ, & cum contractu retrovenditionis praviè inito, cum intentione lucri.* ait fait un pacte exprès qu'on lui revendroit la même marchandiſe, dans l'intention qu'il a d'y gagner.

55.

Comme l'argent comptant eſt plus eſtimé que celui qui ne l'eſt pas, & n'y ayant perſonne qui ne faſſe plus de cas d'une ſomme preſente que d'une ſomme qui ne doit être payée que dans la ſuite, celui qui prête peut exiger de celui *48 Cùm numerata pecunia pretioſior ſit numerandâ, & nullus ſit, qui non majoris faciat pecuniam præſentem quàm futuram, poteſt creditor aliquid ultra ſortem à mutuatario exigere, & eo titulo ab uſurâ excuſari.* qui emprunte, quelque choſe au delà du principal, & par cette raiſon n'être pas coupable d'uſure.

56.

Il n'y a pas d'uſure à exiger quelque choſe au dela du principal, comme dû par un motif d'amitié ou *49 Uſura non eſt dum ultra ſortem aliquid exigitur, tanquam ex benevolentiâ & gratitudine debitum; ſed*

48   41. Inn. X I. Cenſur. præd.
49   41. Inn. XI. Cenſur. Lovan. 1657. Prop. 13;

folùm si exigatur tan-quam ex justitiâ de-bitum.

de reconnoissance ; mais seulement à l'e-xiger comme dû par justice.

57.

50 Licitum est mutuan-ti aliquid ultra sor-tem exigere , si se obliget ad non repeten-dam sortem usque ad certum tempus.

Il est permis à ce-lui qui prête d'exiger quelque chose au dela du principal , s'il s'en-gage à ne point rede-mander ce principal jusqu'à un certain tems.

58.

51 Tam licet ex alie-natione per aliquot an-nos censum annuum exigere , quàm licet exigere censum perpe-tuum ex alienatione perpetuâ.

Il est autant permis de prendre une rente annuelle d'un bien qui n'est aliené que pour quelques années, qu'il est permis d'en pren-dre d'un bien qui se-roit aliené pour toû-jours.

CENSURE.

Hæ propositiones in quibus mutato tan-tùm mutui & usuræ nomine , licet res eò-dem recidat , per falsas venditiones & alienationes , simula-tasque societates, a-liasque ejusmodi ar-tes & fraudes vis di-vinæ legis eluditur ,

Ces propositions dans lesquelles en changeant seulement le nom de prêt & d'usure , mais dans un sens qui re-vient au même, on élu-de la force de la Loi de Dieu par de fausses ventes & alienations, par des societez simu-lées, & par d'autres

50 42. Alexand. VII. Censur. Lovan. 1657.
51. Ead. Censur. & Bitur. an. 1659. tit. 7.

artifices & fraudes de cette nature, contien- nent une doctrine fausse, scandaleuse, capticuse, pernicieuse dans la pratique, propre à pallier les u- sures, contraire à la parole de Dieu écri- te & non écrite; re- prouvée déja par le Clergé de France, & souvent condamnée par les Decrets des Conciles & des Papes.

doctrinam continent falsam, scandalosam, cavillatoriam, in pra- xi perniciosam, pal- liativam usurarum, verbo Dei scripto ac non scripto contra- riam, jam à 52 Clero Gallicano reprobatâ, Conciliorum ac Pon- tificum decretis sæpè damnatam.

59.

Quoique l'usure fût défenduë aux Juifs, elle ne l'a pas cepen- dant été aux Chré- tiens, la Loi ancien- ne ayant été abolie par J. C. quant aux pré- ceptes judiciaux.

Usura etsi esset pro- hibita Judais, non tamen Christianis, le- ge veteri in judiciali- bus præceptis abolitâ per Christum.

CENSURE.

Cette proposition est contraire à la parole de Dieu, détruit la perfection de la nou- velle Loi, & ôte l'u- nion fraternelle de toutes les nations qui sont réunies en J. C.

Hæc propositio ver- bo Dei contraria est, novæ legis perfectio- nem, & Gentium om- nium in Christo adu- natarum fraternitatem tollit.

52. Procès Verbal du Clergé en 1657. p. 1268.

XII. SUR

XII.

SUR LE FAUX TEMOIGNAGE,
SUR LE MENSONGE ET SUR LE PARJURE.

60.

Cum causâ lici- tum est jurare, sine animo jurandi, sive res sit levis, sive sit gravis.

Quand on a quel- que raison de jurer, il est permis de le faire sans avoir intention de jurer, soit que la chose dont il s'agit, soit peu importante, ou qu'elle soit considerable.

61.

Qui jurandi inten- tionem non habet, li- cet falsò juret, non pejerat, etsi alio cri- mine tenetur, putà mendacii alicujus.

Celui qui n'a pas in- tention de jurer quoi- qu'il jure à faux, ne fait pas un parjure; il se rend cependant cou- pable d'un autre pe- ché, comme seroit quelque mensonge.

62.

Qui jurat cum in- tentione non se obli- gandi, non obligatur ex vi juramenti.

Celui qui promet avec serment de faire quelque chose, avec intention de ne pas s'y obliger, n'y est pas effectivement obligé en vertu de son serment.

CENSURE.

Hæ propositiones sunt temerariæ, scanda- losæ, perniciosæ, bonæ fidei illudentes,

Ces propositions sont temeraires, scanda- leuses, pernicieuses, se jouent de la bonne

53. 25. Innoc. XI.

E

foy, & font contraires & Decalogo contra-
au Decalogue. riæ.

63.

Si quelqu'un jure n'avoir pas fait une chose qu'il a veritablement faite, soit que jurant il soit seul, ou en presence de quelques autres personnes, soit qu'il ait parlé de son propre mouvement, soit qu'il ait fait ce serment pour se divertir ou pour quelque autre fin, il ne ment point en effet, & n'est point parjure pourvû qu'il entende en lui même quelqu'autre chose qu'il n'ait pas fait, ou quelqu'autre endroit que celui où il l'a fait, ou quelqu'autre circonstance veritable qu'il a joûte.

54. *Si quis vel solus, vel coram aliis, sive interrogatus, sive propriâ sponte, sive recreationis causâ, sive quocumque alio fine juret se non fecisse aliquid quod reverà fecit, intelligendo intra se aliquid aliud quod non fecit, vel aliam viam ab eâ in quâ fecit, vel quodvis aliud additum verum, reverà non mentitur, nec est perjurus.*

64.

On a une raison legitime de se servir de ces équivoques toutes les fois qu'il est necessaire ou utile pour conserver la santé, le corps, l'honneur & les biens, ou pour pratiquer quel-

55. *Causa justa utendi his amphibologiis est quoties id necessarium aut utile ad salutem corporis, honorem, res familiares tuendas, vel ad quemlibet alium actum virtutis; ita ut ve-*

54. 26. Innoc. XI. Cenf. Lovan. 1653. Prop. 5.
55. 27. Ejusdem.

ritatis occultatio cen-
featur tunc expediens
& studiosa.

qu'autre acte de ver-
tu, enforte qu'il pa-
roisse alors expedient
& avantageux de ca-
cher la verité.

CENSURE.

Hæ propositiones
temerariæ sunt, scan-
dalosæ, perniciosæ,
illusoriæ, erroneæ,
mendaciis, fraudibus
& perjuriis viam ape-
riunt, & sacris Scri-
pturis adversantur.

Ces propositions sont
temeraires, scandaleu-
ses, pernicieuses, il-
lusoires, erronnées,
frayent le chemin aux
mensonges, aux frau-
des, & aux parjures,
& sont contraires aux
saintes Ecritures.

65.

56. Qui mediante com-
mendatione, vel mu-
nere ad magistratum
vel officium publicum
promotus est, poterit
cum restrictione men-
tali præstare juramen-
tum, quod de man-
dato Regis à simili-
bus solet exigi, non
habito respectu ad in-
tentionem exigentis;
quia non tenetur fa-
teri crimen occultum.

Celui qui a été
élevé à une magis-
trature, ou à une
charge publique par
des recommandations
ou par des presens,
pourra avec une res-
triction mentale pré-
ter le serment qu'on
a coutume d'exiger
par ordre du Roi de
ceux qui parviennent
à ces dignitez, sans
avoir égard à l'inten-
tion de celui qui exige ce serment, parce
qu'il n'est pas obligé de déclarer un crime
caché.

56. 28. Innoc. XI. Cens. Lovan. 1657. Prop. 19.

CENSURE.

Cette proposition est scandaleuse , pernicieuse, favorise l'ambition des hommes , excuse les parjures , & resiste à la puissance publique contre l'ordre de Dieu.

Hæc propositio scandalosa est , perniciosa , patrocinatur humanæ ambitioni , perjuria excusat , publicæ potestati contra Dei mandatum adversatur.

66.

Non seulement les hommes justes & saints , mais les Patriarches, les Prophetes , les Anges & J. C. lui-même se sont servis d'équivoques ou d'amphibologies & de restrictions mentales.

Patriarcha & Propheta , Angeli , ipse Christus , nedum viri justi & sancti aquivocationibus , sive amphibologiis & restrictionibus mentalibus usi sunt.

CENSURE.

Cette proposition est scandaleuse , temeraire , confond avec des actions ordinaires , ce qui a été dit ou passé sous silence par mystere , par prophetie , par parabole , ou par une sage œconomie pour insinuer la verité d'une maniere plus profonde & plus relevée,

Hæc propositio scandalosa est, temeraria , mysticè , propheticè , parabolicè , sive œconomicè ad insinuandam altiùs veritatem dicta vel tacita cum vulgaribus gestis confundit, SS. Patrum acta ludibrio vertit , ipsis etiam Angelis injuriosa, exga Chriſtum contumelioſa & impia.

tourne en ridicule les actions des SS. Peres, eſt injurieuſe aux Anges même, & à l'égard de J. C. elle eſt outrageuſe & impie.

XIII.

SUR LA CALOMNIE.

67.

58. PRobabile eſt non peccare mortaliter, qui imponit falſum crimen alicui , ut ſuam juſtitiam & honorem defendat ; & ſi hoc non ſit probabile , vix ulla erit opinio probabilis in Theologiâ.

IL eſt probable que celuy-là ne peche pas mortellement, qui pour défendre ſon innocence & ſon honneur, impoſe à un autre un crime faux ; & ſi cette opinion n'eſt pas probable , à peine y en aura-t-il une probable dans toute la Theologie.

CENSURE.

Hujus propoſitionis doctrina falſa eſt, temeraria , ſcandaloſa , erronea , ſpatioſam calumniatoribus & impoſtoribus portam aperit ; & clarè detegit quàm nefaria placita , probabilitatis nomine inducantur.

La doctrine de cette propoſition eſt fauſſe , temeraire , ſcandaleuſe , erronée, ouvre une grande porte aux calomniateurs & aux impoſteurs ; & découvre clairement comben ſont méchantes les maximes qu'on introduit ſous le nom de probabilité.

58. 44. Innoc. XI. Cenſur. Apol. Lovan. 1657.
Prop. 3.

XIV.

SUR CEUX QUI AIDENT,

A COMMETTRE DES CRIMES.

68.

UN serviteur qui avec connoissance aide son maître, en luy prêtant ses épaules pour monter par une fenestre, à dessein d'abuser d'une vierge, & qui luy sert plusieurs fois en portant une échelle, en ouvrant une porte, ou pour quelqu'autre ministere semblable, ne peche pas mortellement, s'il fait cela par crainte d'un dommage considerable, par exemple de peur d'être mal-traité de son maître, de peur d'en être regardé de travers, ou d'être chassé de sa maison.

59. Famulus, qui submissis humeris scienter adjuvat herũ suum ascendere per fenestras ad stuprandam virginem, & multoties eidem subservit deferendo scalam, aperienda januam, aut quid simile cooperando, non peccat mortaliter, si id faciat metu notabilis detrimenti, putà ne à domino malè tractetur, ne torvis oculis aspiciatur, ne domo expellatur.

CENSURE.

Cette proposition est scandaleuse, pernicieuse, ouvertement contraire aux paroles de Nôtre Seigneur, & de l'Apôtre, & heretique; car par quel échange.

Hæc propositio scandalosa est, perniciosa, verbis Dominicis & Apostolicis apertè contraria, & hæretica; quam enim 60. dabit homo commuta-

59. 1. Innoc. XI. Censur. Paris. Apol. p. 15.
60. Matth. 16. v. 26.

rionem pro animâ suâ?
Et digni sunt morte
61. *non solùm qui ea*
faciunt, sed etiam qui
consentiunt facienti-
bus.

l'homme pourra-t'il
racheter son ame ?
Et non seulement
ceux qui font ces sor-
tes de crimes, sont
dignes de mort, mais
encore ceux qui sont

de concert avec les personnes qui les font.

X V.

SUR LA SIMONIE ET SUR LA

COLLATION DES BENEFICES.

69.

62. *NON est contra*
justitiam bene-
ficia Ecclesiastica non
conferre gratis, quia
collator conferens illa
beneficia Ecclesiastica,
pecuniâ intervenien-
te, non exigit illam
pro collatione benefi-
cii, sed veluti pro
emolumento temporali,
quod tibi conferre non
tenebatur.

IL n'est pas contre
la justice de ne pas
conférer gratuite-
ment les BeneficesEc-
clesiastiques, parce
que le collateur qui
les confere pour de
l'argent, n'exige pas
cet argent pour la
collation du Benefice,
mais en quelque ma-
niere pour l'avantage
temporel, qu'il n'étoit
pas obligé de vous
procurer.

70.

63. *Dare temporale pro*
spirituali non est si-
monia, quando tem-

Donner le tempo-
rel pour le spirituel,
ce n'est pas une simo-

61. *Roman.* 1. v. 32.
62. 22. Alexand. VII. Cens. Apol. & Guimen. p. 74.
63. 45. Inn. XI. Cens. Lovan. 1657. Prop. 13.

nie quand le tempo-rel ne se donne pas comme prix, mais seulement comme un motif de conferer, ou de faire une chose spirituelle, ou même quand le temporel est une compensation pu-rement gratuite du *porale non datur tan-quam pretium, sed duntaxat tanquam motivum conferendi, vel efficiendi spiritua-le; vel etiam quan-do temporale sit solùm gratuita compensatio pro spirituali, aut è contra.* spirituel, ou au contraire quand le spirituel est une compensation purement gratuite du temporel.

71.

Ce n'est pas non plus une simonie, quoique le temporel soit le principal mo-tif de donner le spiri-tuel, quand bien mê-me il seroit la fin qu'on se propose en recherchant la chose *64. Et id quoque lo-cum habet, etiamsi temporale sit princi-pale motivum dandi spirituale, imò etiam-si sit finis ipsius rei spiritualis, sic ut il-lud pluris æstimetur quàm res spiritualis.* spirituelle, en sorte même qu'on estimât da-vantage ce temporel que la chose spirituel-le même.

CENSURE.

Ces propositions sont temeraires, scandaleu-ses, pernicieuses, erro-nées, introduisent en changeant seulement de nom, par une di-rection trompeuse, de pensée ou d'intention, Hæ propositiones temerariæ sunt, scan-dalosæ, perniciosæ, erroneæ, hæresim si-moniacam, sacrâ Scri-pturâ, Canonibus & Pontificiis Constitu-tionibus reprobatam,

64. 46. Innoc. XI. & Censur. Lovan 1657.

mutato tantùm no-
mine, per fallacem
mentis, five intentio-
nis directionem in-
ducunt.

l'herefie des Simonia-
ques, condamnée par
l'Ecriture fainte, par
les Canons & par les
Conftitutions des Pa-
pes.

72.

65. Cùm dixit Conci-
lium Tridentinum eos
alienis peccatis com-
municantes mortaliter
peccare, qui non quos
digniores & Ecclefiæ
magis utiles ipfi ju-
dicaverint, ad Eccle-
fias promovent: Con-
cilium vel primò vi-
detur per hoc dignio-
res, non aliud figni-
ficare velle nifi digni-
tatem eligendorum,
fumpto comparativo
pro pofitivo: vel fe-
cundò locutione minùs
propriâ ponit digniores
ut excludat indignos,
non verò dignos: vel
tantùm loquitur ter-
tiò, quanda fit con-
curfus.

Lorfque le Conci-
de Trente a dit, que
ceux-là en participant
aux pechez des au-
tres pechent mortel-
lement, qui n'élevent
pas au gouvernement
des Eglifes, ceux qu'ils
en jugent les plus di-
gnes, ou qu'ils croyent
les plus utiles à l'E-
glife: le Concile, ou
bien en premier lieu
ne paroît vouloir fi-
gnifier autre chofe,
par les plus dignes
que ceux qui font di-
gnes de ces emplois,
en prenant le compa-
ratif pour le pofitif,
ou bien en fecond
lieu par une maniere
de parler moins exac-
te, il n'a mis les plus dignes que pour exclure les indignes, & non pas pour exclure
ceux qui font fimplement dignes, ou enfin
il ne parle que dans le cas du concours.

65. 47. Inn. XI. Conc. Trid. feff. 24. c. 1. de Reform.

Cette proposition est contraire au Concile de Trente, à l'utilité de l'Eglise, & au salut des ames, qui depend principalement du choix des Pasteurs.

Hæc propositio Concilio Tridentino contraria est, Ecclesiæ utilitati ac saluti animarum, quæ à Pastorum delectu præcipuè pendet, adversatur.

XVI.

SUR LE SACRIFICE DE LA MESSE, ET SUR LA SAINTE COMMUNION.

73.

CEluy-là satisfait au precepte Ecclesiastique d'entendre la Messe, qui entend tout à la fois, deux ou même quatre parties de Messes celebrées par differents Prêtres.

66. SAtisfacit præcepto Ecclesia de audiendo Sacro, qui duas ejus partes, imò quatuor simul à diversis celebrantibus audit.

CENSURE.

Cette proposition est absurde, scandaleuse, illusoire, & revolte le sens commun des Chretiens.

Hæc propositio absurda est, scandalosa, illusoria, communique Christianorũ sensui repugnat.

74.

On satisfait à ce même precepte par un respect purement

67. Eidem præcepto satisfit per reverentiam exteriorem tantùm,

66. 53. Inn.Cens.Lovan.1657. Prop.17. & Sen.p.19.
67. Censur. Vicar. Gen. Paris. p. 18. & 19.

animo licet volunta-
riè in alienâ, imò &
pravâ cogitatione de-
fixo.

exterieur, quand même on auroit l'efprit volontairement atta- ché à des penfées é- trangeres, ou même mauvaifes.

75.

68. Præcepto communio-
nis annua fatisfit per
facrilegam corporis Do-
mini manducationem.

On fatisfait au pre- cepte de la Commu- nion annuelle, par une Communion fa- crilege.

CENSURE.

Doctrina his dua- bus propofitionibus contenta, temeraria eft, fcandalofa, er- ronea, impietati & facrilegio favet, & præceptis Ecclefiæ il- ludit.

La doctrine conte-
nuë dans ces deux pro-
pofitions eft temeraire,
fcandaleufe, erronée,
favorife l'impieté &
les facrileges, & fe
joue des Commande-
mens de l'Eglife.

76.

69. Frequens confeffio
& communio, etiam
in his qui gentiliter
vivunt, eft nota præ-
deftinationis.

La confeffion & la communion frequen- te eft une marque de prédeftination, mê- me dans ceux qui vi- vent d'une maniere toute payenne.

CENSURE.

Hæc propofitio te- meraria eft, fcanda- lofa, erronea, im-

Cette propofition eft
temeraire, fcandaleu-
fe, erronée, impie, &

68. 55. Innoc. XI.
69. 56. Ejufdem.

contraire aux saintes Ecritures. pia, & sacris litteris contraria.

XVII.

SUR LA MESSE DE PAROISSE.

77.

PErsonne n'est obligé en conscience d'assister à sa Paroisse, de faire sa confession annuelle, d'aller aux Messes de Paroisse, d'entendre la parole de Dieu, la loy divine, les elemens de la foy, & les regles de morale qu'on y expose, & qu'on y enseigne dans les Catechismes.

70. *Nullus in foro conscientiæ parochia sua interesse tenetur, nec ad annuam confessionem, nec ad Missas parochiales, nec ad audiendum verbum Dei, divinam legem, fidei rudimenta, morumque doctrinam, quæ ibi in Catechesibus annuntiantur & docentur.*

78.

Dans cette matiere, ni les Evêques, ni les Conciles, soit Provinciaux, soit Nationaux, ne peuvent porter une telle loy, ni punir ceux qui y manqueroient d'aucunes peines, ni d'aucunes Censures Ecclesiastiques.

71. *Talem legem in hâc materiâ nec Episcopi, nec Concilia Provinciarum, nec Nationum sancire; nec delinquentes aliquibus pœnis, aut ecclesiasticis censuris mulctare possunt.*

70. Prop. 4. inter sex damnatas in Comitiis Generalibus Cleri Gallicani, an. 1656. pag. 412. du procez verbal.

71. Prop. 5. ex sex prædict. p. 412. du mesme procez verbal.

79. *Plebs*

Plebs virtute Concilii Tridentini cogi non potest censuris & pœnis ecclesiasticis, ut eat ad suam Parochiam diebus Dominicis ad audiendam Missam (Parochialem scilicet.)

On ne sçauroit en vertu du Concile de Trente, obliger le peuple par des peines & des Censures Ecclefiaftiques, d'aller à fa Paroiffe, les jours de Dimanche pour y entendre la Meffe (c'eft à dire la Meffe Paroiffiale.

CENSURE.

Harum propositionum doctrina falsa est, temeraria, scandalosa, jam à Clero Gallicano graviter condemnata, sacris Canonibus, Concilio Tridentino, & Apostolicæ Traditioni contraria, dicente Apostolo; 71. *non deserentes collectionem nostram, sicut consuetudinis est quibusdam.*

La doctrine de ces propositions est fausse, temeraire, scandaleuse, condamnée déja tres-severement par le Clergé de France, & contraire aux saints Canons, au Concile de Trente, & à la Tradition Apostolique, suivant ce que dit l'Apôtre, ne nous retirons point de nos affemblées, comme quelques-uns ont coûtume de faire.

XVIII.
SUR LA CONFESS. SACRAMENTELLE.
80.

72. *P Eccata in confeffione omiffa*

O N n'eft pas obligé de declarer

71 Hebr. x. 25. 72 11. Alex.

dans les confessions suivantes, les pechez qu'on a omis ou oubliés, à cause d'un danger pressant de la vie, ou pour quelqu'autre raison.

seu oblita ob instans periculum vitæ, aut ob aliam causam, non tenemur in sequenti confessione exprimere.

CENSURE.

Cette proposition est temeraire, erronée, & deroge à l'integrité de la confession.

Hæc propositio est temeraria, erronea, & confessionis integritati derogat.

81.

Celuy qui fait volontairement une confession nulle, satisfait au precepte de l'Eglise.

73. Qui facit confessionem voluntariè nullam, satisfacit præcepto Ecclesiæ.

CENSURE.

Cette proposition est temeraire, erronée, favorise le sacrilege & se joue des preceptes de l'Eglise.

Hæc propositio temeraria est, erronea, sacrilegio favet, & præceptis Ecclesiæ illudit.

82.

La loy de se confesser au plûtôt, que le Concile de Trente a portée pour un Prêtre, qui étant en état de peché mortel, seroit obligé de celebrer les divins my-

74. Mandatum Concilii Tridentini factum Sacerdoti sacrificanti ex necessitate cum peccato mortali, 75. confitendi quamprimùm, est consilium, non præceptum.... Illa particula, quam-

73 14. Alex.   74 Alex. 38. 39.   75 Sess. 13. c. 7.

primùm , intelligitur , cùm sacerdos suo tempore confitebitur. steres , est un conseil & non pas un precepte ; cette párole *au plûtôt* s'entend du temps que le Prêtre a coûtume de prendre pour se confesser.

CENSURE.

Hæc propositio est falsa , perniciosa , apertum Concilii Tridentini decretum intervertit.

Cette proposition est fausse , pernicieuse , & renverse un decret clair & formel du Concile de Trente.

83.

76.Non tenemur confessario interroganti , fateri peccati alicujus consuetudinem.

On n'est pas obligé d'avouer l'habitude d'un peché , lors même que le Confesseur nous interroge là dessus.

84.

77.Licet sacramentaliter absolvere dimidiatè tantùm confessos , ratione magni concursûs pœnitentium , qualis v. g. potest contingere in die magna alicujus festivitatis. Il est permis de donner l'absolution sacramentelle à ceux qui n'ont fait que la moitié de leur confession , à cause d'un grand concours de pénitens , tel qu'il peut arriver , par exemple , un jour de grande feste.

CENSURE.

Doctrina his duabus propositionibus *La doctrine contenuë dans ces deux pro-*

76 58. Innoc.   77 59. Innoc.

positions est fausse, te-
meraire, induit en er-
reur, favorise les sa-
crileges, & deroge à
la simplicité Chretien-
ne, à la puissance ju-
diciaire des Ministres
de N. S. J. C. à l'in-
tegrité de la confession,
à la fin & à l'in-
stitution du Sacrement
même.

contenta falsa est, te-
meraria, in errorem
inducit, sacrilegiis
favet, Christianæ sim-
plicitati, Ministrorum
Christi judiciariæ po-
testati, confessionis
integritati, atque ip-
sius Sacramenti insti-
tutioni ac fini dero-
gat.

XIX.

SUR LES DISPOSITIONS DU
pénitent, sur l'Absolution : Sur les oc-
casions prochaines.

85.

IL est probable qu'u-
ne attrition natu-
relle suffit, pourveu
qu'elle soit appuyée
sur un motif honnéte.

78. *PRobabile est suf-
ficere attritio-
nem naturalem, modò
honestam.*

CENSURE.

*Cette proposition est
heretique.*

Hæc propositio est
hæretica.

86.

L'attrition qui n'a
pour motif que la
crainte de l'enfer, suf-
fit même sans aucun
amour de Dieu, sans
aucun raport à Dieu

*Attritio ex gehen-
na metu sufficit etiam
sine ullâ Dei dilectio-
ne, sine ulla ad Deum
offensum respectu; quia
talis, honesta & su-*

pernaturalis est.

offensé, parce qu'une telle attrition est honneste & surnaturelle.

CENSURE.

Hæc propositio, quâ à dispositionibus necessariis ad absolutionem, excluditur quilibet ad Deum offensum respectus, temeraria est, scandalosa, perniciosa, & in hæresim inducit.

Cette proposition, par laquelle on exclut des dispositions necessaires à l'absolution, tout raport à Dieu offensé, est temeraire, scandaleuse, pernicieuse, & conduit à l'heresie.

87.

79. *Concilium Tridentinum adeò expressè definivit attritionem quæ non vivificet animam, quæque supponatur sine amore Dei esse, sufficere ad absolutionem, ut anathema pronuntiet adversus negantes.*

Le Concile de Trente a defini si expressément, que l'Attrition qui ne vivifie pas l'ame, & qu'on suppose estre sans amour de Dieu, suffit pour l'absolution, qu'il prononce anatheme contre ceux qui disent le contraire.

CENSURE.

Hæc propositio falsa est, temeraria, Concilio Tridentino contraria, & in errorem inducit.

Cette proposition est fausse, temeraire, contraire au Concile de Trente, & induit en l'erreur.

79 8. *des 11. Propositions censurées par 46. Docteurs de la Faculté de Paris, le 26. May 1696.*

F iij

88.

On ne doit ni re-
fufer, ni differer l'ab-
folution à un penitent
qui fe trouve dans
l'habitude de pécher
contre la loy Divine,
Naturelle ou Ecclefia-
ftique, quand mefme
il ne paroîtroit aucu-
ne efperance d'amen-
dement, pourveu qu'il
dife de bouche qu'il eft fâché d'avoir pé-
ché, & qu'il fe propofe de fe corriger.

80. *Pœnitenti habenti
confuetudinem peccan-
di contra legem Dei,
Natura, aut Ecclefia,
etfi emendationis fpes
nulla appareat, nec
eft deneganda, nec
differenda abfolutio,
dummodo ore proferat
fe dolere, & propone-
re emendationem.*

CENSURE.

*Cette Propofition eft
erronée, & conduit à
l'impenitence finale.*

Hæc propofitio eft
erronea, & ad finalem
impœnitentiam ducit.

89.

On peut quelque-
fois donner l'abfolu-
tion à celuy qui fe
trouve dans une occa-
fion prochaine de pe-
cher, qu'il peut &
qu'il ne veut pas évi-
ter, & même à celuy
qui la chercheroit de propos deliberé, &
qui s'y mettroit de luy-même.

81. *Poteft aliquando
abfolvi, qui in proxi-
mâ occafione peccandi
verfatur, quam poteft
& non vult omittere;
quin imò directè & ex
propofito quærit aut ei
fe ingerit.*

80   60. Innoc. Cenf. Lovan. 1653. Prop 1.
Præd. Cenf. Parif. Bitur. Senon. &c.
81   61. Innoc. Cenf. Lovan. 1653. Prop. 2.
Et Præd. Cenf. Apol.

90.

82. *Proxima occasio peccandi non est fugienda, quando causa aliqua utilis aut honesta non fugiendi occurrit: Unde non est obligandus concubinarius ad ejiciendam concubinam, si hæc nimis utilis esset ad oblectamentum concubinarii, dum deficiente illâ nimis ægrè vitam ageret, & alia epula concubinarium tædio magno afficerent, & alia famula nimis difficilè inveniretur.*

On n'est pas obligé de fuir l'occasion prochaine de pecher, quand on a quelque raison honneste ou utile de ne la pas fuir; c'est pourquoy il ne faut pas obliger un Concubinaire à chasser sa Concubine, si elle étoit d'une trop grande utilité pour la satisfaction du Concubinaire, qui passeroit une vie trop triste sans elle, qui seroit dégousté à l'excez des viandes apprestées par tout autre, & qui auroit trop de peine à trouver une autre servante.

91.

83. *Licitum est quærere directè occasionem proximam peccandi, pro bono spirituali, vel temporali nostro vel proximi.*

Il est permis de rechercher directement l'occasion prochaine de pecher, dans la veuë de nous procurer à nous ou à notre prochain, un bien spirituel, ou temporel.

CENSURE.

Hæ propositiones scandalosæ sunt, per-

Ces propositions sont scandaleuses, perni-

82 62. Innoc. Præd. Cens. 41. Alex. Cens. Lovan. 1657. Prop. 2.   83 63. Innoc. Præd. Cens. & Lovan. 1657. Prop. 1.

cieufes , heretiques , évidemment contraires au precepte de J. C. qui ordonne de couper & de jetter la main , le pied , & mesme l'œil droit , qui seroit pour nous une occasion de scandale.

niciosæ , hæreticæ , apertè repugnantes præcepto 84. Christi jubentis manum , pedem , oculum quoque dextrum scandalizantem abscindere & projicere.

X X.

DU JEUNE.

92.

CEluy qui rompt le Jeûne de l'Eglise auquel il est obligé, ne peche pas mortellement , si ce n'est qu'il le fasse par mépris, ou par desobeissance , en ce qu'il ne veut pas se soumettre au precepte.

85. FRangens jejunium Ecclesiæ ad quod tenetur , non peccat mortaliter , nisi ex contemptu vel inobedientiâ hoc faciat , putà quia non vult se subjicere præcepto.

93.

Celuy qui dans un jour de jeûne mange à plusieurs reprises peu de choses , ne rompt pas son jeûne , quand mesme il se trouveroit qu'il eût à la fin mangé considerablement.

86. In die jejunii , qui sæpiùs modicum quid comedit , etsi notabilem quantitatem in fine comederit, non frangit jejunium.

---

84 Matth. v. 29. 30. XVIII. 8. 9.
85 23. Alex. 86 29. Alex. Cen
Guim. pag. 11.

94.

87. *Omnes Officiales, qui in Republicâ corpora- liter laborant , sunt excusati ab obligatio- ne jejunii , nec debent se certificare , an labor sit compatibilis cum jejunio.*

Tous ceux qui dans la Republique font des travaux corporels, font difpenfez de l'o- bligation du jeûne , & ne font pas obligez de s'accufer , fi leur tra- vail eft compatible avec le jeûne.

95.

88. *Excufantur abfolu- tè à præcepto jejunii, omnes illi qui iter a- gunt equitando , ut- cumque iter agant , ê- tiamfi iter neceffarium non fit , & etiamfi i- ter unius diei confi- ciant.*

Ceux-là font abfo- lument difpenfez du precepte du jeûne , qui voyagent à che- val de quelque ma- niere que ce foit , quand même le voya- ge ne feroit pas necef- faire , ou qu'il ne fe- roit que d'un jour.

CENSURE.

Doctrina his qua- tuor propofitionibus contenta falfa eft, te- meraria , fcandalofa , pernicofa , Ecclefia- fticorum mandatorum incuriam inducit , Je- junii leges pravis ar- tibus eludit.

La doctrine conte- nue dans ces 4. propo- fitions eft fauffe , te- meraire , fcandaleufe , pernicieufe , introduit la negligence des Com- mandemens de l'Egli- fe , & élude la loy du jeûne par de mauvais artifices.

87 30. Alex.   88   31. Alex.

XXI.

SUR L'INTEMPERANCE.

96.

CE n'eſt pas un peché de manger & de boire juſqu'à être plein, dans la veuë du ſeul plaiſir, pourvû que la ſanté n'en ſoit pas alterée, parce qu'il eſt permis à l'appetit naturel de jouïr de ſes actes.

89. COmedere & bibere uſque ad ſatietatem ob ſolam voluptatem, non eſt peccatum, modò non obſit valetudini; quia licitè poteſt appetitus naturalis ſuis actibus frui.

CENSURE.

Cette propoſition eſt temeraire, ſcandaleuſe, pernicieuſe, erronée, & doit être renvoyée à l'Ecole d'Epicure.

Hæc propoſitio temeraria eſt, ſcandaloſa, pernicioſa, erronea, & ad Epicuri ſcholam ableganda.

XXII.

SUR LES HEURES CANONIALES.

97.

LA loy de reſtituer impoſée par Pie V. aux Beneficiers qui ne récitent pas leur Office, n'oblige pas en conſcience avant la Sentence declaratoire

90. REſtitutio à Pio V. impoſita Beneficiatis non recitantibus, non debetur in conſcientiâ ante ſententiam declaratoriam judicis, eò quod ſit pœna.

---

89   8. Innoc. Cenſ. Vic. Paris. pag. 27.
90   20. Alex.

du Juge , parce que cette reſtitution eſt une peine.

98.

91.*Qui non poteſt recitare Matutinum & Laudes , poteſt autem reliquas horas , ad nihil tenetur ; quia major pars trahit ad ſe minorem.*	Celui qui ne peut pas réciter Matines & Laudes , mais qui pourroit réciter les petites Heures , n'eſt obligé à rien , parce que la plus grande partie attire à ſoy la plus petite.

CENSURE.

Hæ propoſitiones falſæ ſunt, temerariæ, cavillatoriæ , ac præceptis Eccleſiaſticis illudunt.	*Ces propoſitions ſont fauſſes , temeraires , captieuſes , & font un jeu des préceptes Eccléſiaſtiques.*

99.

Præcepto ſatisfacit , qui voluntariè labiis tantùm , non autem mente orat.... Reſpondeo me totâ hebdomadâ , toto menſe, toto anno legiſſe (horas)ſine culpa veniali; & me non peccaviſſe venialiter tam certò ſcire , ut poſſim juramento firmare.... Homo ſum .... Diſtractiones non evito , in-	Celui-là ſatisfait au précepte, qui volontairement prie ſeulement des lévres , & non pas de l'eſprit... Je réponds que j'ai récité l'Office Divin pendant une ſemaine, un mois, un an, ſans peché veniel ; & j'en ſuis ſi certain, que je pourrois l'affirmer par ſerment... Je ſuis homme... je n'évite

pas les distractions. Il m'arrive mille fois d'en avoir d'involontaires, quelquefois même j'en ai de volontaires ; & cependant je ne suis tourmenté d'aucun scrupule : je n'ai pas le moindre doute, parce que je suppose prudemment que je ne suis pas obligé à une attention intérieure *voluntarias millies, interdum etiam voluntarias ; & nihilominus nullo crucior scrupulo, nullo dubio angor; quia prudenter suppono me ad actionem internam non teneri ; eam habere bonum esse, & eâ carere nequidem levem esse culpam; me ad lectionem tantùm & attentionem externam obligari.* qu'il est bon d'avoir ; mais qu'il n'y a pas la moindre faute à ne la pas avoir, & que je suis seulement obligé à lire avec une attention extérieure.

CENSURE.

Cette proposition est absurde, contraire à la parole de Dieu, & introduit l'hypocrisie condamnée par J. C. & les Prophetes dans ces paroles : Ce peuple m'honore des lévres, mais son cœur est bien éloigné de moy.

Hæc propositio est absona, verbo Dei contraria ; hypocrisim inducit à Prophetis & Christo damnatam his verbis, 92. *Populus hic labiis me honorat ; cor autem eorum longè est à me.*

92 Matt. x v. 8.

XXIII. SUR

XXIII.

SUR LA JURISDICTION, ET SUR LES REGULIERS.

100.

93. *Qui beneficium curatum habent, possunt sibi eligere in confessarium simplicem sacerdotem non approbatum ab Ordinario.*

LEs Curez peuvent se choisir pour Confesseur un simple Prêtre, qui n'est pas approuvé par l'Ordinaire.

CENSURE.

94. *Hæc propositio est falsa, temeraria, Concilio Tridentino contraria.*

Cette proposition est fausse, temeraire, contraire au Concile de Trente.

101.

95. *Mendicantes possunt absolvere à casibus Episcopis reservatis, non obtentâ ad id Episcoporum facultate.*

Les Religieux mandians peuvent absoudre des Cas reservez aux Evéques, sans en avoir obtenu d'eux le pouvoir.

102.

Satisfacit præcepto annuæ confessionis, qui confitetur Regulari Episcopo præsentato, sed ab eo injustè reprobato.

Celui qui se presente à un Religieux Régulier qui a été presenté à l'Evéque, mais qui en a été injustement refusé, satisfait au précepte de la Confession annuelle.

93   16. Alex.   94 Sess. 23. de Reform. c. 15.
95   12. Alex.

G

103.

Les Religieux peuvent dans le for de la conscience se servir de ceux de leurs privileges , qui ont été expressément révoquez par le Concile de Trente.

96.Regulares possunt in foro conscientiæ uti privilegiis suis quæ sunt expressè revocata per Concilium Tridentinum.

104.

Les Evêques ne peuvent pas limiter ni mettre de restriction aux approbations qu'ils donnent aux Réguliers , ni les révoquez pour cause ; & même les Religieux des Ordres mendians ne font pas obligez d'obtenir ces sortes d'approbations : & si les Evêques les refusent , ce refus vaut autant que l'approbation.

97.Non possunt Episcopi restringere vel limitare approbationes quas Regularibus concedunt , neque illas ex causâ revocare : quinimò Ordinum mendicantium Religiosi ad eas approbationes obtinendas non tenentur : & si ab Episcopis Religiosi non probentur , rejectio illa tantùm valet ac si approbatio concessa fuisset.

CENSURE.

La doctrine contenuë dans ces propositions est fausse, teme-

Doctrina his propositionibus contenta falsa est , temeraria ,

96 36. Alex. 97 Alex. VII. Decret. 30. Jan. 1659.Prop. 2. in causâ Andeg. apud Fagn. de Probab. pag. 328. Edit. Bruxell. 1667. Cler. Gallic. in Com. gen. an. 1656. *pag.* 412. *du Procés Verbal.* Cens. Fac. Parif. an. 1641. tit. II.

scandalosa, erronea, in hæresim & schisma inducens, Concilio Tridentino contraria, Ecclesiasticæ Hierarchiæ destructiva, invalidis confessionibus viam aperit, jam olim à summis Pontificibus, & à Clero Gallicano damnata.

raire, scandaleuse, erronée, tendante à l'heresie & au schisme, contraire au Concile de Trente, détruit la Hierarchie Ecclésiastique, ouvre la porte aux Confessions nulles, & a été déja autrefois condamnée par les Souverains Pontifes, & par le Clergé de France.

105.

In ministro pœnitentia requiritur etiam approbatio Ordinarii, quæ potest limitari, sed non revocari sine causâ.

L'approbation de l'Ordinaire est requise dans le Ministre du Sacrement de Pénitence... Cette approbation peut être limitée, mais elle ne peut pas être révoquée sans cause.

106.

Minister pœnitentia approbatus in unâ diœcesi, etiamsi habeat suam jurisdictionem immediatè à Papâ, non potest tamen in alterâ sine diœcesani Episcopi approbatione, audire pœnitentes, saltem in loco ubi adest diœcesanus Episcopus.

Un Confesseur approuvé dans un Diocése, quand même il auroit sa jurisdiction immédiatement du Pape, ne peut pas cependant confesser dans un autre Diocése sans l'approbation de l'Evêque Diocésain, au moins dans le lieu où est cét Evêque Diocésain.

CENSURE.

La doctrine conte-nuë dans ces proposi-tions, en tant qu'elle nie qu'une approbation puisse être révoquée sans cause, & qu'elle soit nécessaire dans un lieu où l'Evêque Dio-césain ne réside pas, est fausse, temeraire, & donne atteinte aux droits des Evêques.

Doctrina his proposi-tionibus contenta, qua-tenus negat approba-tionem revocari posse sine causâ, eamque es-se necessariam in loco unde abest Diœcesanus Episcopus, falsa est, temeraria, & Episcopo-rum jura labefactat.

107.

En vertu du Con-cile de Trente, l'ap-probation d'un seul Evêque suffit pour toute l'Eglise ; c'est-à-dire, un Prêtre ap-prouvé par un Evê-que peut absoudre par tout, pourvû qu'il ait la jurisdiction ; & pour avoir cette juris-diction, il suffit (en vertu du Concile de Trente) d'être approuvé d'un seul Evêque.

Vi Concilii Triden-tini, approbatio unius Episcopi sufficit pro u-niversâ Ecclesiâ, id est, approbatus ab uno Epis-copo potest ubique ab-solvere, modò jurisdi-ctionem habeat, & ad eam accipiendam suffi-cit, vi Concilii Tri-dentini, unius Episco-pi approbatio.

108.

Les Religieuses exemptes peuvent re-cevoir l'absolution d'un Prêtre qui n'est pas approuvé par l'E-

Religiosa exempta pos-sunt absolvi à sacerdote non approbato ab Epis-copo, sive sacerdos ille sit sæcularis, sive regularis.

vêque, soit que ce Prêtre soit Séculier, soit qu'il soit Régulier.

CENSURE.

Hæ propositiones falsæ sunt, temerariæ, à Concilii Tridentini mente alienæ, jurisdictioni Episcoporum & ecclesiasticæ disciplinæ contrariæ.

Ces propositions sont fausses, temeraires, opposées à l'intention du Concile de Trente, & contraires à la Jurisdiction des Evêques, & à la discipline Ecclésiastique.

XXIV.

SUR LES LOIX DES PRINCES, ET
SUR LEUR POUVOIR.

109.

98. *Populus non peccat, etiamsi absque ullâ causâ non recipiat legem à Principe promulgatam.*

L E Peuple ne péche pas, quand même il rejetteroit sans raison une loy publiée par le Prince.

110.

99. *Subditi possunt justa tributa non solvere.*

Les Sujets peuvent refuser le payement des impositions légitimes.

CENSURE.

Hæ propositiones seditiosæ sunt, Apostolicæ doctrinæ ac dictis Dominicis apertè contradicunt.

Ces propositions sont séditieuses, & combattent manifestement les paroles de Nôtre-Seigneur, & la doctrine de l'Apôtre.

98. 28. Alex.

99. Cenf. Curmen. pag. 10.

XXV.
SUR L'AUMONE.

III.

A Peine trouverez-vous dans les Séculiers, même dans les Rois, quelque chose de superflu à leur état ; & ainsi à peine y a-t-il quelqu'un qui soit obligé à l'aumône, si l'on n'est obligé

100. *Vix in saculari-bus invenias, etiam in Regibus superfluum statui : & ita vix aliquis tenetur ad eleemosynam, quando tenetur tantùm ex superfluo statui.*

à la faire, que de ce qui est superflu à son état.

CENSURE.

Cette proposition est temeraire, scandaleu-se, pernicieuse, erronée, & aneantit le precepte de l'Evangile sur l'au-mône.

Hæc propositio est temeraria, scandalo-sa, perniciosa, erro-nea, Evangelicum de eleemosynâ præcep-tum pessumdat.

XXVI.
SUR LES ENDURCIS.

112.

SI les pecheurs d'une malice consommée ne sentent point de remors de conscience, & n'ont point la connoissance du mal qu'-ils fôt lors qu'ils blas-

101. *SI peccatores consummatâ malitiâ, cùm blasphemant & flagitiis se immergunt, non habent conscientiæ stimulos, nec mali*

100. 12. Innoc. Cens. Lovan. 1657. Prop. 20.
101. Cens. Senon. pag. 11.

quod agunt notitiam, cum omnibus. Theologis propugno, eos hisce actionibus non peccare.

phement & qu'ils s'abandonnent au crime, je soutiens avec tous les Theologiens qu'ils ne pechent point en faisant ces actions-là.

CENSURE.

102. Hæc propositio falsa est, temeraria, perniciosa, bonos mores corrumpit, blasphemias, aliaque peccata excusat, & ut talis à Clero Gallicano jam damnata est.

Cette proposition est fausse, témeraire, pernicieuse, corrompt les bonnes mœurs, excuse les blasphemes & les autres pechez; & comme telle, a déja esté condamnée par le Clergé de France.

XXVII.

SUR LE PECHE' PHILOSOPHIQUE.

113.

103. PEccatum philosophicum seu morale, est actus humanus disconveniens naturæ rationali & rectæ rationi. Theologicum verò & mortale, est transgressio libera divinæ legis. Philosophicum quantumvis grave, in eo, qui Deum vel ignorat, vel de

LE peché Philosophique ou Moral est un acte humain, opposé à la nature raisonnable, & à la droite raison. Mais le peché Theologique & mortel, est une transgression libre de la loy de Dieu. Le peché Philosophique, de quelque grief qu'il

102 Cler. Gall. in Com. gen. an. 1641. 12. Aprilis.
103 Alex. VIII. Decret. 14. Augusti 1690.

foit dans celuy qui ignore Dieu, ou qui ne pense pas actuelle-ment à luy, est un grand peché, mais il n'est pas une offense de Dieu, ni un peché mortel, qui rompe l'amitié de Dieu, ni qui merite la peine éternelle.

Deo actu non cogitat, est grave peccatum, sed non est offensa Dei, neque peccatum mortale, dissolvens amicitiam Dei, neque æternâ pœnâ dignum.

CENSURE.

Cette proposition est scandaleuse, témeraire, offense les oreilles pieuses, & est erronée.

Hæc propositio scandalosa est, temeraria, piarum aurium offensiva & erronea.

XXVIII.

SUR LE PECHE' MORTEL.

114.

LA plufpart des pechez, dont l'Apôtre dit que ceux qui les commettent, ne possederont pas le Royaume de Dieu, & qui font expressément contraires aux Preceptes du Decalogue, peuvent estre appellez mortels, parce que ceux qui en font coupables, ont perdu tout sentiment de charité, ou en conservent fort peu, de sorte que la cupidité domine entierement en eux.

PLeraque peccata, de quibus ait Apostolus quòd qui talia agunt, regnum Dei non possidebunt, & quæ expressè adversantur præceptis Decalogi, mortalia dici possunt.... quoniam .... horum facinorum rei, aut amisere omnem caritatis sensum, aut exiguum retinent, ita ut ipsis omnino dominetur cupiditas.

Id tamen intelligi posset adhibito eo temperamento, ut qui planè repugnantes ac velut inviti ista perpetrassent, aut gravis mali impendentis metu, aut astu libidinis abrepti, ita ut ab istis angustiis liberati acri dolore tangerentur ob commissum peccatum; tam certò affirmari non potest excidisse illos gratiâ, aut incurrisse poenam damnationis; quanquam enim hoc momento dominata sit cupiditas, brevis & transitoria potuit esse ejusmodi dominatio, quâ voluntatis intima dispositio non mutatur. . . . Hoc temperamentum naturaliter consequitur ex doctrinâ sancti Augustini.

Cela pourroit cependant s'entendre avec ce temperament, que s'ils les avoient commis avec une entiere repugnance & comme entraisnez malgré eux par la violence de la passion, ou par la crainte de quelque grand mal dont ils étoient menacez, en sorte qu'échapez de ces extremitez ils fussent saisis d'une douleur vive pour le peché qu'ils auroient commis; on ne pourroit pas assurer si positivement qu'ils eussent perdu la grace ou qu'ils eussent encouru la peine de la damnation, parce que quoy que la cupidité ait dominé pendant ce moment, cette domination a pû estre une domination courte & passagere, par laquelle la disposition intime de la volonté n'est point changée. Ce temperament semble suivre naturellement de la doctrine de saint Augustin.

CENSURE.

Ces propositions qui enseignent ou declarent que l'habitude de la charité divine peut estre compatible avec les pechez contre le Decalogue, & dont l'Apostre dit que ceux qui les commettent ne posséderont pas le Royaume de Dieu, sont fausses, pernicieuses, erronées, contraires à la parole de Dieu ; car quelle union peut-il y avoir entre la justice & l'iniquité .... ou quel accord de J. C. avec Belial ? elles ouvrent le chemin à excuser toutes sortes de pechez, ou à en diminuer toute la grieveté, & elles imposent à saint Augustin.

Hæ propositiones quæ divinæ caritatis habitum docent aut significant posse consistere cum peccatis adversùs Decalogum, ac de quibus ait Apostolus quòd qui talia agunt regnum Dei non possidebunt, falsæ sunt, perniciosæ, erroneæ ; verbo Dei contrariæ : 104. Quæ enim participatio justitiæ cum iniquitate .... aut quæ conventio Christi ad Belial ? ad excusanda & imminuenda cujusvis generis peccata viam aperiunt, & imponunt sancto Augustino.

XXIX.

SUR LES PENSE'ES, OU SUR LES
DELECTATIONS MOROSES.

116.

DE là nous devons conclure, que le

Hinc inferre debemus eum con-

104. 2. Corinth. VI. 14. & 15.

fenfum qui præbetur fuggeftionibus pravis, cùm tendit ad delectationem cogitandi tantùm de re illicitâ, putà de ulcifcendâ injuriâ; fecundùm fanctum Auguftinum non effe aliud quàm veniale peccatum, licet ipfe ultionis actus, cujus cogitatione animus delectatur, fit peffimus, & certiffimum mortale peccatum.

confentement qu'on donne aux mauvaifes fuggeftions, n'eft, fuivant faint Auguftin, qu'un peché veniel, lors qu'il tend au plaifir de penfer feulement à une chofe defenduë; par exemple, à venger une injure, quoy que l'acte même de vengeance dont l'efprit s'occupe avec plaifir dans la penfée, foit tres-mauvais & tres-certainement un peché mortel.

CENSURE.

Hæc propofitio quaflibet cogitationes & delectationes, quas morofas vocant, regulariter imputans peccato veniali tantùm, falfa eft, temeraria, fcandalofa, in praxi perniciofa, concupifcentiam fovet, in tentationem & in gravius peccatum inducit, contraria & injuriofa fancto Auguftino. 105.

Cette propofition, qui regulierement parlant impute feulement à peché veniel toutes les penfées & les delectations qu'on appelle morofes, eft fauffe, témeraire, fcandaleufe, pernicieufe dans la pratique, fomente la concupifcence, induit dans la tentation & dans les pechez les plus griefs, & eft contraire & injurieufe à faint Auguftin.

105 Lib. 12. de Trin. cap. 12.

XXX.

SUR LA REGLE DES MOEURS,
ET SUR LA PROBABILITÉ.

117.

JE croi que tout est aujourd'hui mieux examiné ; & c'est pour cela qu'en toute sorte de matiere, & principalement en matiere de Morale, je lis & je suis plus volontiers les Auteurs récens, que les anciens.... Il faut chercher la doctrine de la Foy dans les anciens Auteurs, & celle des mœurs dans les plus nouveaux.

106. *Puto omnia esse hodie melius examinata, & hanc ob rem in omni materiâ & præcipuè in Morali libentiùs juniores quàm antiquiores lego & sequor ..... Doctrina fidei à Veteribus : doctrina morum magis à Junioribus petenda.*

CENSURE.

Cette proposition est temeraire, scandaleuse, pernicieuse, erronée, injurieuse aux Saints-Péres, & aux anciens Docteurs ; rend arbitraire la Theologie morale, en méprisant l'autorité & l'interpretation de l'Ecriture & de la Tradition, qui est nécessaire pour

Hæc propositio temeraria est, scandalosa, perniciosa, erronea, SS. Patribus & antiquis Doctoribus contumeliosa ; spretâ, in moribus Christianorum componendis, necessariâ Scripturarum ac Traditionis auctoritate & interpretatione, moralem

106 Cens. Guimen. pag. 6.

Theologiam

Theologiam arbitra-
riam facit, viamque
parat ad humanas tra-
ditiones & doctrinas,
Christo prohibente,
stabiliendas.

*régler les mœurs des
Chrétiens, & ouvre
le chemin à l'établisse-
ment des Doctrines &
Traditions humaines
défenduës par J. C.*

118.

107. *Ex auctoritate
unius tantùm, potest
quis opinionem in pra-
xi amplecti, licet à
principiis intrinsecis
falsam & improbabi-
lem existimet.*

On peut suivre dans
la pratique une opi-
nion sur l'autorité
d'un seul Auteur.,
quand même on la
jugeroit par des rai-
sons intrinseques fauss-
se & improbable.

119.

108. *Hæc positio, Sex-
decim ad probabilita-
tē requiruntur, non est
probabilis. Si sufficiunt
sexdecim, sufficiunt
quatuor : si sufficiunt
quatuor, sufficit unus
.... Ad probabilitatem
sufficiunt quatuor: sed
quatuor, imò viginti
& suprà testantur u-
num sufficere : Ergo
sufficit unus.*

Cette thése., *Il
faut pour la probabi-
lité le sentiment de
seize Auteurs,* n'est pas
probable : Si seize suf-
fisent, quatre suffi-
ront : si quatre suffi-
sent, un suffira...
Quatre Auteurs suffi-
sent pour faire une
opinion probable...
Or quatre Auteurs,
& même plus de vingt,
prétendent qu'un seul suffit. Donc un seul
Auteur suffit effectivement pour faire une
opinion probable.

107 Cens. Guimen. pag. 5. & 6.
108 Cens. Guimen. pag. 5.

CENSURE.

Ces propositions sont fausses, scandaleuses, pernicieuses, décident les questions de Morale par le nombre des Auteurs, sans avoir égard à la vérité, & ouvre la porte à des discordes sans nombre.

Hæ propositiones falsæ sunt, scandalosæ, perniciosæ, spretâ veritate quæstiones morum ad numerum auctorum exigunt, & innumeris corruptelis viam aperiunt.

120.

Une opinion doit être censée probable, quand elle se trouve dans le Livre de quelque Auteur moderne, pourvû qu'il ne soit pas constant qu'elle ait été rejettée par le Saint-Siége, comme improbable.

109. *Si liber sit alicujus junioris ac moderni, debet opinio censeri probabilis, dum non constet rejectam esse à Sede Apostolica tanquam improbabilem.*

121.

Des opinions ne doivent point passer pour scandaleuses ou erronées, dés là que l'Eglise ne les corrige pas.

110. *Non sunt scandalosa aut erronea opiniones, quas Ecclesia non corrigit.*

CENSURE.

Ces propositions en-tant qu'elles prennent

Hæ propositiones quatenus silentium

109 27. Alex.   110 Præf. Cens. Guim. pag. 3.

& tolerantiam pro Ecclesiæ , vel Sedis Apostolicæ, approbatione statuunt , falsæ sunt , scandalosæ, saluti animarum noxiæ, patrocinantur pessimis opinationibus quæ identidem temerè obtruduntur , atque ad Evangelicam veritatem iniquis præjudiciis opprimendam , viam parant.

le silence & la tolerance de l'Eglise , ou du Saint-Siége , pour une espéce d'approbation , sont fausses , scandaleuses , nuisibles au salut des ames , autorisent les plus mauvaises opinions qui se débitent de temps en temps avec temerité , & ouvrent le chemin à étouffer la vérité de l'Evangile par d'injustes prejugez.

122.

111. *Generatim , dum probabilitate , sive intrinsecâ , sive extrinsecâ , quantumvis tenui , modò à probabilitatis finibus non excatur , confisi aliquid agimus , semper prudenter agimus.*

Généralement parlant , on agit toûjours avec prudence, quand on agit sur une probabilité , soit intrinséque , soit extrinséque, quelque legere qu'elle soit, pourvû qu'on ne sorte pas les bornes de la probabilité.

CENSURE.

Hæc propositio falsa est , temeraria , scandalosa, perniciosa , novam morum regulam , novumque prudentiæ genus ,

Cette proposition est fausse, temeraire, scandaleuse , pernicieuse , & établit au grand danger des ames une nouvelle régle de Mo-

111. 3. Innoc.

rale, & une nouvelle
espéce de prudence,
sans aucun fondement
dans l'Ecriture & dans
la Tradition.

nullo Scripturarum
aut Traditionis fun-
damento, cum mag-
no animarum peri-
culo statuit.

123.

Si quelqu'un veut
qu'on lui donne con-
seil selon l'opinion de
toutes la plus favora-
ble, on péche en le
conseillant autrement,
que suivant cette opi-
nion.

112. *Si quis vult sibi
consuli secundùm eam
opinionem, quæ sit fa-
ventissima; peccat qui
non secundùm eam
consulit.*

CENSURE.

*Cette proposition qui
enseigne à exiger con-
tre le droit, & à don-
ner contre la conscien-
ce des conseils relâchez
& flateurs, est fausse,
temeraire, scandaleu-
se, pernicieuse dans la
pratique, & ouvre la
porte à beaucoup de
tromperies.*

Hæc propositio,
quæ docet blanda &
adulatoria consilia &
contra jus exquirere,
& contra conscien-
tiam dare, falsa est,
temeraria, scandalosa,
in praxi perniciosa,
viamque deceptioni-
bus aperit,

124.

Il n'est pas illicite
dans l'administration
des Sacremens, d'a-
bandonner l'opinion
la plus sûre pour en

113. *Non est illicitum
in sacramentis confe-
rendis, sequi opinio-
nem probabilem de va-
lore sacramenti, reli-*

112 Cenf. Guim. pag. 6.   113 I. Innoc.

ctâ tutiore ; nisi id vetet lex, conventio, aut periculum gravis damni incurrendi : hinc sententiâ probabili tantùm utendum non est in collatione Baptismi, Ordinis Sacerdotalis, aut Episcopalis.

n'est pas permis de se servir d'une opinion purement probable dans l'administration du Baptême, ni dans l'Ordination des Prêtres & des Evêques.

suivre une probable touchant la valeur du Sacrement, à moins que cela ne soit défendu par quelque loy ou par quelque convention, ou qu'il n'y ait péril d'encourir un grand dommage. C'est pour cela qu'il

125.

114. *Probabiliter existimo, judicem posse judicare juxta opinionem etiam minùs probabilem.*

Je crois probablement, qu'un Juge peut juger suivant l'opinion même la moins probable.

126.

115. *Ab infidelitate excusabitur infidelis non credens, ductus opinione minùs probabili.*

Un Infidéle qui ne croit pas, ne sera pas coupable d'infidélité, s'il s'appuye sur une opinion moins probable.

127.

In morte mortaliter non peccas, si cum attritione tantùm sacramentum suscipias, quamvis actum con-

Ce n'est pas pécher mortellement, que de recevoir le Sacrement de Pénitence à l'article de la mort avec

114 2. Innoc.

115. 4. Innoc.

une simple attrition, quand même on o-mettroit de propos déliberé un acte de contrition : car il est permis à tout le monde de suivre une opinion moins probable, en abandonnant la plus probable.

tritionis tunc omittas liberè; licet enim u-nicuique, fequi opinio-nem minùs probabilem, relictâ probabiliori.

C E N S U R E.

La doctrine contenuë dans ces propofitions eft refpectivement fauffe, abfurde, pernicieufe, erronée, & doit être regardée comme un tres-méchant fruit de la probabilité.

Doctrina his pro-pofitionibus contenta eft refpectivè falfa, abfurda, pernjciofa, erronea, probabilita-tis peffimus fructus.

DECLARATION
SUR L'AMOUR DE DIEU, REQUIS.
DANS LE SACREMENT DE PENITENCE.

Près avoir ache-vé la Cenfure des propofitions, reftent quelques points dont l'importance deman-de qu'on les expofe plus clairement, & qu'on les tire de leurs principes, pour les mettre dans tout leur jour.

Poft abfolutas pro-pofitionum cenfu-ras, fuperfunt quædam pro rei gravitate enu-cleatiùs exponenda, & ab ipfis principiis in apertam lucem de-ducenda.

Et pour ne pas o-mettre ce qu'il eft

Et quidem de dile-ctione Dei ficut ad

sacramentum baptismi in adultis, ita ad sacramentum pœnitentiæ, quæ est laboriosus baptismus, requisita, ne necessariam doctrinam omittamus, hæc duo imprimis ex Sacro-sanctâ Synodo Tridentinâ monenda & docenda esse duximus; primùm ne quis putet in utroque Sacramento requiri, ut præviam [a] contritionem eam quæ sit caritate perfecta, & quæ cum voto Sacramenti, antequam actu suscipiatur, hominem Deo reconciliet. Alterum ne quis putet in utroque Sacramento securum se esse, si præter fidei & spei actus, non [b] incipiat diligere Deum, tanquam omnis justitiæ fontem.

néccssaire de sçavoir touchant l'amour de Dieu, qui est également requis dans le Sacrement de Baptême pour les adultes, & dans le Sacrement de la Pénitence, qui est un Baptême laborieux ; nous avons crû devoir sur-tout avertir & instruire de deux choses prises du saint Concile de Trente. La premiere, que personne ne doit regarder comme une disposition nécessaire à l'un & à l'autre de ces Sacremens, une contrition qui seroit entierement formée par la charité, qui avec le vœu du Sacrement *reconcilie l'homme à Dieu avant qu'il l'ait actuellement reçû.* Et la seconde, que personne ne se doit croire en sûreté, si dans ces deux mêmes Sacremens, outre les actes de Foy & d'Esperance, *il ne commence pas à aimer Dieu comme la source de toute justice.*

---

a Sess. 14, cap. 4.   b Sess. 6. cap. 6.

En effet, on ne peut suffisamment exécuter la résolution nécessaire à ces deux Sacremens, de commencer une nouvelle vie, & d'observer les Commandemens de Dieu, si le Pénitent ne fait aucun cas du premier & du plus grand de tous les Commandemens, qui est d'aimer Dieu de tout son cœur, & s'il n'est du moins dans la disposition d'esprit, de s'exciter & animer lui-même à accomplir ce Commandement avec le secours de la grace divine.

Neque verò satis adimpleri potest utrique sacramento c necessarium vitæ novæ inchoandæ, ac servandi mandata divina propositum, si pœnitens primi ac maximi mandati, quo Deus toto corde diligitur, nullam curam gerat; nec sit saltem animo ita præparato, ut ad illud exequendum, divinâ opitulante gratiâ, se se excitet ac provocet.

Il faut aussi que les Confesseurs se donnent bien de garde *de suivre dans l'administration du Sacrement de la Pénitence, non plus que des autres Sacremens, une opinion probable touchant la valeur du Sacrement, en abandonnant la plus sûre; &* ils ne doivent pas cesser d'avertir ceux qui leur confient le

Placet etiam caveri à Sacramenti pœnitentiæ-administris, ne in hoc pœnitentiæ Sacramento aliisque d Sacramentis conferendis, sequantur opinionem probabilem de valore Sacramenti, relictâ tutiore : néve pœnitentes ipsorum fidei animam suam committentes admonere cessent, ut in pœnitendo inchoata sal-

a Sess. 14, cap. 4.　　d 1. Prop. Inn. XI.

tem dilectionis Dei ineant viam, quæ sola secura sit, graviter peccaturi in hoc salutis discrimine, ᵉ vel eo solo, quòd certis incerta præponant.

soin de leurs ames, qu'ils doivent entrer dans la pénitence par un amour de Dieu, au moins commencé, parce que c'est le seul chemin qui soit sûr,

& qu'ils pécheroient griévement dans une occasion où il y va du salut, *dés-là même qu'ils préféreroient l'incertain au certain.*

DE L'USAGE DES OPINIONS
PROBABLES.

ABSIT verò ut probemus eorum errorem, qui negant licere sequi opinionem vel inter probabiles probabilissimam: *sed ad rectum usum probabilium opinionum, has regulas à jure præscriptas agnoscimus; Primùm ut in dubiis de salutis negotio, ubi æqualia utrinque animo se se offerunt rationum momenta, sequamur id quod tutius, sivè quod est eo in casu unicè tutum: nequè id consilii sed præcepti*

A Dieu ne plaise que nous approuvions l'erreur de ceux qui prétendent *qu'il n'est pas permis de suivre entre les opinions probables, celle qui est la plus probable de toutes :* mais pour faire un bon usage des opinions probables, nous reconnoissons les régles suivantes établies par le droit. La premiere est, que dans les doutes où il y va du salut, lorsqu'il se présente à l'esprit des raisons également for-

ᵉ S. Aug. lib. I. contra Donatist. c. 3. & 5.

tes de part & d'autre, il faut suivre la plus sûre, c'est-à-dire, ce qui est dans ce cas là uniquement sûr ; & que nous ne devons point regarder cela comme un conseil, mais comme un précepte, suivant ce que dit l'Ecriture : *Celui qui aime le péril, y périra.* Voilà la premiere régle. La seconde, c'est qu'à l'égard des sentimens probables touchant la Doctrine Chrétienne, nous suivions ce que le Concile Ecumenique de Vienne a déterminé touchant les vertus infuses par le Baptéme, tant dans les enfans, que dans les adultes. Voici ses paroles : *Nous avons crû devoir choisir cette opinion, comme la plus probable & la plus conforme aux paroles des Saints, & à la Theologie des Docteurs modernes.* Et il est d'autant plus constant que ce jugement du Concile doit s'appliquer

loco habeamus, dicente Scripturâ, f qui amat periculum in illo peribit : hac prima regula. Altera ut circa probabiles de Christianâ Doctrinâ sententias sequamur id, quod Viennense Oecumenicum g Concilium circa infusas tam parvulis, quàm adultis in baptismo virtutes decrevit his verbis, Nos hanc opinionem tanquam probabiliorem & dictis Sanctorum, ac Doctorum modernorum Theologiæ magis consonam & concordem duximus eligendam. Quod Concilii judicium eò magis ad regendos mores pertinere constat, quò magis ex ipsis fidelium sanctitas ac salus pendet.

f Eccli. iii. 27.

g Clem. un. de sum. Trin. & fid. Cathol.

à régler la Morale , que la sainteté & le salut des Fidéles dépend plus de ce réglement.

Ex hac igitur regulâ fit consequens ; primùm ut in rebus Theologicis ad fidei & morum dogmata spectantibus , Theologos quidem , etiam modernos audiamus , si tamen consonas Sanctis Patribus tradant sententias. Deinde , ut si ab eis recedant , harum opinionum inhibeatur cursus , nedum earum aliqua ratio habeatur, aut ulla eis tribuatur auctoritas. Denique ut nemini liceat eligere eam sententiam , quam non veritati magis consentaneam duxerit.

Il s'enfuit donc de cette Regle premierement, que dans les matieres de Theologie qui regardent la foy ou les mœurs, nous devons à la verité écouter les Theologiens, mesme Modernes ; mais supposé qu'ils enseignent des sentimens conformes à ceux des SS. PP. Secondement, que dés le moment qu'ils s'en écartent , il faut empescher le cours de ces opinions , bien loin d'y avoir aucun égard ou de leur donner aucune authorité. Enfin qu'il n'est pas permis à personne de suivre un sentiment qu'il ne jugera pas le plus conforme à la verité.

Quòd ergo in praxi eam nobis liceat sequi sententiam , quam nec ipsi ut probabiliorem eligendam judicemus, hoc novum, hoc inauditum , hoc certis ac

Ainsi qu'il nous soit permis dans la pratique de suivre un sentiment que nous-mesmes nous ne jugeons pas devoir estre suivi comme le plus probable ; C'est une proposition nouvelle, inouïe, avancée dans ce dernier siecle par de certains autheurs bien connus, & pesée par eux comme la regle de la morale, mais qui repugne à cet axiome des Peres, qu'on ne doit admettre que ce qui est approuvé

notis auctoribus prostremo demum saculo proditum, & ab iisdem pro regulâ morum positum, repugnat huic effato à Patribus celebrato, b quod ubique, quod semper, quod ab omnibus ; nec habere potest Christiana regula securitatem.

en tout temps, en tous lieux & par toutes sortes de personnes, & qui par consequent ne peut avoir le merite & la sureté d'une regle veritablement chrétienne.

Les consequences de ce Principe & la suite des temps ont bien fait voir que ç'avoit été là le commencement des malheurs & la source de tous les relachemens dont on vient de parler. Nos Predecesseurs, remplis de zele & d'amour pour la Religion, avoient déja censuré cette nouveauté : on l'a souvent reprise & on la reprend en-

*Hoc initium malorum esse, atque omnium antè dictarum corruptelarum caput, & doctrina consecutio & series temporum ostendit. Hoc ab * Antecessoribus nostris viris fortibus ac religiosis censoriè notatum, hoc sapè reprehensum, hodieque reprehēdi nullo incusante, imò bonis probantibus, diffiteri nemo potest.*

b Vincentius Lirin. Common. 1. c. 3.
* In Censuris Apolog. Casuist.

core

core aujourd'huy sans que personne s'y oppose, & au contraire avec l'approbation de tous les gens de bien, comme on n'en peut pas disconvenir.

Nos quoque iis de causis has novas sententias, in salutis negotio periculosas, re diligenter inspectâ, summâ ope caveri ac prohiberi oportere censuimus, ac censemus. Placeat autem illa prudentia, ut ante omnia custodiamus, & in tuto collocemus id quod i *unum est necessarium, fiatque illud Dominicum,* k *estote prudentes sicut serpentes, qui protecto, quod præcipuum est, capite, sibi consulunt: neque quisquam in dubio salutis ad actum prosiliat, nisi ipso dubio, non ad nutum voluntatis, aut ex cupiditatis instinctu, sed ex rectâ ratione deposito, dicente scripturâ,* l *rationabile obsequium vestrum: & iterum, sapiens timet*

C'est pour ces raisons qu'aprés avoir tout bien examiné, nous avons cru & nous croyons, qu'il faut éviter avec grand soin,& condamner ces nouveaux sentimens, dangereux dans ce qui regarde le salut. Goutons plûtôt cette prudence qui nous fait conserver & mettre en sureté avant toutes choses, *l'unique necessaire,* & accomplissons ce que dit N Seigneur, *Soyez prudens comme des serpens,* dont le propre dans le peril, est de mettre d'abord à couvert ce qu'ils ont de plus precieux, qui est leur teste; & que personne dans un doute où il y va du salut, ne se détermine à agir, qu'aprés avoir deposé son doute, non pas par le caprice de sa

i Luc. x. 4. x Matth. x. 16. l Rom. XII. 1.

I

volonté, ou par le mouvement de sa cupidité, mais par la droite raison, suivant ce que dit l'Ecriture, *que le service que vous rendez à Dieu soit raisonnable;* & ailleurs, *Le sage craint & se détourne du mal, l'insensé passe par dessus & se croit en sûreté.* Enfin écoutons cette maxime de l'Apôtre, *Eprouvez tout, & retenez ce qui est bon,* & encore, *tout ce qui n'est pas selon la Loy,* c'est à dire, suivant le témoignage de la conscience ou la persuasion interieure, *est peché;* Enfin *leur conscience leur en rendant témoignage;* non pas la conscience des autres, mais la leur propre.

m & declinat à malo, stultus transilit & confidit : postremò audiatur Apostolicum illud, [n] *omnia probate, quod bonum est tenete: & iterum,* [o] *omne quod non est ex fide, id est, ex conscientiâ, sive ex persuasione, peccatum est: denique* p *testimonium reddente illis conscientiâ ipsorum, non aliorum utique, sed ipsorum & suâ.*

AVERTISSEMENT ET CONCLUSION.

AU reste nous avertissons tous ceux d'entre nos Confreres dans le Sacerdoce, soit Seculiers, soit Reguliers qui sous l'authorité des Evesques preschent la pa-

A Dmonemus autem Compresbyteros nostros, sive sæculares, sivè regulares, quicunque Episcoporum auctoritate, vel verbum Dei prædicant, vel sacramenta admi-

m Prov. xiv. 16.
o Rom. xiv. 23.

n 1. Thessalonic. v. 21.
p Ibid. 11. 15.

niſtrant, q ne ullo un-
quam tempore viam
ſalutis, quam ſupre-
ma veritas Deus, cu-
jus verba in æternum
permanent, arctam
eſſe definivit, in ani-
marum perniciem di-
latari, ſeu veriùs
perverti ſinant, ple-
bemque Chriſtianam
ab ejuſmodi ſpatio-
ſâ, latâque, per
quam itur ad perdi-
tionem, viâ, in re-
ctam ſemitam evo-
cent: *quæ Chriſti ver-
ba ab Alexandro VII.
inculcata, altè animis
inſidere optamus &
oramus; ſperamuſque
in Domino fore, ut
quicunque hactenus la-
xiores illas ſententias,
nullâ certâ ratione,
ſed alii alios ſecuti do-
cuerunt, docere ipſas
jam deſinant; quippe
quas & Epiſcopi, ip-
ſique Romani Ponti-
fices reprehendant;
hæretici verò, imme-
ritò illi quidem, ſed
tamen pro more ſuo*

role de Dieu, ou ad-
miniſtrent les Sacre-
mens, de ne jamais
ſouffrir, *que la voye
du ſalut, que Dieu
qui eſt la ſuprême ve-
rité, dont les paroles
demeurent à jamais,
a déclaré eſtre étroite,
ſoit jamais élargie à
la perte des ames, ou
pour parler plus juſte,
qu'elle ſoit pervertie;
mais de travailler au
contraire à ramener
dans le bon chemin
ceux des Chrétiens
qu'ils trouveroient en-
gagez dans la voye lar-
ge & ſpacieuſe qui con-
duit à la perdition:*
Nous ſouhaitons &
nous prions que ces
paroles de J. C. in-
culquées par Alexan-
dre VII. ſoient pro-
fondément gravées
dans les eſprits, &
nous eſperons dans le
Seigneur, que ceux
qui juſques icy au-
roient enſeigné ces
ſentimens relaſchez,
ſans avoir autre raiſon

q Alex. VII. in Præfat. decret. 1. 24. Sept. 1665.

que l'authorité de ceux qui se font fui-vis les uns les autres, cesseront enfin de les enseigner, les Evê-ques & les Juges mê-mes les ayant con-damnés ; les hereti-ques les imputant à l'Eglise, & luy en fai-sant un crime, suivant leur coutume, mais tres - injustement & tres-mal à propos, & les enfans du siecle s'en moquant comme de choses vaines. Ayant donc un grand éloignement & une grande aversion pour cette fausse Dialecti-que odieuse à Dieu & aux hommes ; qu'ils s'approchent de la ve-rité ; afin, comme dit saint Jerôme, *que ceux qui trompoient aupa-ravant le peuple par de vains adoucisse-ments, luy impriment* à l'avenir une crainte salutaire en luy annonçant la verité, & le ra-menent par là à la voye droite, & que ceux qui avoient esté cause de leur erreur commen-

Ecclesia imputent, at-que invidia vertant : filii quoque saeculi ut vanas rideant. Qua-re inanem illam, Deo-que & hominibus exo-sam sophisticen ali-quando aversati, au-ctore sancto Hierony-mo, ad recta se con-ferant, r Ut qui priùs populum blandimen-tis decipiebant, pos-tea vero annuntiando deterreant, & ad re-ctam revocent viam ; & qui causa erroris fuerant, incipiant me-deri vulneribus quæ intulerunt, & esse oc-casio sanitatis. *Datum in Palatio regio San-Germano, in Comitiis generalibus Cleri Gal-licani, die quartâ men-sis Septembris, anno millesimo septingente-simo.* Sic signatum in Originali.

r Hieron. in Mich. cap. 3. ad illa verba, *hæc dicit Dominus* &c.

cent à guerir les bleſſures qu'ils avoient fai-
tes, & ſoient par là une occaſion de ſanté.

Donné au Palais Royal de ſaint Germain dans l'Aſſemblée generale du Clergé de France, le 4. jour du mois de Septembre l'an 1700. *Ainſi ſigné à l'Original.*

✠ L. A. CARD. DE NOAILLES, Arch. de Paris, Préſident.

✠ CHARLES M. Arch. Duc de Reims.

✠ ANNE, Arch. d'Auch.

✠ ARMAND, Arch. de Vienne.

✠ LEON P. P. Arch. de Bourges.

✠ ARMAND, Arch. de Bourdeaux.

✠ J. BENIGNE, Evêque de Meaux.

✠ HENRI, Evêque Comte de Châlons.

✠ JEAN BAPTISTE, Evêque de Rennes.

✠ CHARLES, Evêque de Marſeille.

✠ HENRI, Evêque de Montauban.

✠ HENRI, Evêque de Cahors.

✠ CHARLES, Evêque de Glandeve.

✠ JOSEPH IGNACE, Evêque d'Apt.

✠ LOUIS, Evêque de Saie.

✠ D FRANÇOIS, Evêque de Troies.

JEAN B. de Cailus.

ROGER de Buſſy Rabutin.

C. MAURICE de Roquepine , Abbé de S. Nicolas d'Angers.

HENRI CHARLES Arnauld de Pomponne , Abbé de S. Medard.

JEAN FRANÇOIS PAUL de Caumartin , Abbé de N. D. du Buzay.

JEAN de Catellan.

JACQUES BENIGNE Bossuet , Abbé de Savigni.

LOUIS ARMAND de Gourgue.

FRANÇOIS de Thomassin de S. Paul.

CLAUDE le Mazuyer.

CL. de Biet de Maubranches.

J. FRANÇOIS Petit de Ravanne.

FLODOARD Moret de Bourchenu , Préposé de l'Eglise de S. André de Grenoble.

FRANÇOIS PROSPER Choart de Buzanval.

H. de Beaujeu.

CAMILLE le Tellier de Louvois.

CHARLES MAURICE Colbert de Villacerf, cy-devant Agent General, & Promoteur.

GABRIEL de Cosnac , Agent General pour les affaires du Clergé.

CHARLES Andrault de Langeron Maulevrier , Agent General pour les affaires du Clergé.

VINCENT FRANÇOIS Desmaretz, cy-devant Agent pour les affaires du Clergé , à present Secretaire.

MANDEMENT

DE MONSEIGNEUR

L'EMINENTISSIME CARDINAL

D'E NOAILLES,

ARCHEVESQUE DE PARIS,

Pour publier à Paris la Cenſure portée depuis peu par le Clergé de France dans ſon Aſſemblée.

LVDOVICVS ANTONIVS MISERATIÓNE DIVINA, SANCTÆ ROMANÆ ECCLESIÆ CARDINALIS DE NOAILLES, ARCHIEPISCOPUS Parisiensis, Dux sancti Clodoaldi, Par Franciæ, Regii Ordinis sancti Spiritus Commendator, Universo Clero Diœceseos nostræ tum Sæculari, tum Regulari, salutem et benedictionem in eo qui est omnium vera salus.

LOUIS ANTOINE PAR LA PERMISSION DIVINE CARDINAL DE NOAILLES, ARCHEVÊQUE DE PARIS, DUC DE S. CLOUD, PAIR DE FRANCE, COMMANDEUR DE L'ORDRE ROYAL DU S. ESPRIT, A TOUT LE CLERGE' TANT SECULIER QUE REGULIER DE NÔTRE DIOCESE, SALUT ET BENEDICTION EN CELUI QUI EST LE VRAI SALUT DE TOUT LE MONDE.

Nous avons grand sujet de nous affliger avec le Prophete Osée de ce que *la malediction, le mensonge, le larcin & l'adultere se sont répandus comme un deluge, & que cependant on n'en reprenne personne.* Ceux qu'il faudroit principalement reprendre sont ces Autheurs qui écrivant de la Morale avec une licence effrenée *ont altéré & falsifié la parole de Dieu,* & ont renversé de fond en comble les regles des mœurs. C'est pourquoi nous disons les larmes aux yeux avec saint Cyprien, *non seulement on commet le crime, mais on l'enseigne.* C'est aux Evêques à s'opposer à un si grand mal, *eux que le S. Esprit a établis pour gouverner l'Eglise de Dieu.*

Car comme l'Eglise est cette Ville forte decrite dans Isaïe, qu'on

Dolendum maxime nobis est cum Osea Propheta, quia a maledictū & mendacium & furtum & adulterium inundaverunt, veruntamen non arguatur vir. Ii vero magis arguantur qui de rebus moralibus effreni quadam libidine scribentes, Verbum Dei adulteraverunt, & regulas morum funditùs everterunt. Quare flentes cum S. Cypriano dicimus, b scelus non tantum geritur sed & docetur. Huic malo occurrere Episcoporum est, c quos posuit Spiritus Sanctus regere Ecclesiam Dei.

Cùm enim Ecclesia sit civitas illa fortis apud Isaiam

a *Osea* 4. v. 2.
c *Act.* 20. v. 28.

b *Epist. ad Donatum.*

defcripta, in quâ, *ut exponit fanctus Hieronymus*, [a] po- *nitur murus bonorum operum*, & an- temurale rectæ fi- dei, ut duplici fe- pta fit munimento, non enim fufficit murum habere fi- dei, nifi ipfa fides bonis operibus con- firmetur ; *utrique à nobis confulendum eft, ut & facra dogmata divinitùs fancita, quibus conftat Catholica fides, femper propugnemus, & leges Evangelicas Chrifti autoritate conftitutas, ad quas moresChriftianicom- ponantur, firmiùs in dies ftabiliamus.*

Satis non eft, ut [b] *amplectamureum, qui fecundùm doctrinam eft, fidelem fermonem, & exhortemur in doctrinâ fanâ, fed infuper potentes effe debemus eos qui con-*

environne, comme l'interprete S. Jerôme, *du mur des bonnes œuvres, & de l'avant-mur d'une foy droite, afin qu'elle foit ceinte d'un double rempart, puis qu'il ne fuffit pas d'avoir le mur de la foy, fi la foy même n'eft affermie par les bonnes œuvres;* Nous devons pourvoir à ces deux chofes, & à défendre toûjours les dogmes facrez divinement établis, qui compofent la foy Catholique, & à rendre de jour en jour plus fermes les loix Evangeliques, portées par l'authorité de Jefus-Chrift, pour regler les mœurs des Chrétiens.

Ce n'eft pas affez *que nous demeurions fortement attachez à la parole de verité telle qu'on nous l'a enfeignée, il ne fuffit pas même que nous exhortions felon la faine doctrine ;* mais il faut encore que nous foïons

a *Comment. in* 26. *Ifaiæ.*   b *Tit. c.* 1. *v.* 9.

capables *de convaincre* *& de reprendre ceux qui* *s'y opposent* , & de refi-ster avec force & cou-rage *à ceux qui refusent* *de se soûmettre, qui s'a-*musent *à conter des fa-*bles , *& qui seduisent* *les ames;*jusqu'à ce *qu'ils* *se rendent aux saines in-*structions *de nôtre Sei-*gneur Jesus-Christ, *& à* *la doctrine qui est selon* *la pieté.* Car *leurs dis-*cours gagnent *insensible-*ment comme la gangre-ne , *& renversent la* foy, & les mœurs.Or *cet-*te ruine seroit sous nôtre main , & nous seroit imputée , *si nous ne fai-*sions *pas retentir nôtre* voix *dans les places de Jerusalem.*

Et certainement, *si* *au jugement de nôtre* Seigneur, comme dit S. Leon , *ceux là sont trou-*vez coupables de s'être tû,quoiqu'ils n'ayent pas la conscience souillée d'a-voir consenti à de telles gens, qui n'ont pas soin de découvrir ces gens là; parce que comme un lan-

trâdicunt arguere , *& animosè ac for-*titer resistere inobe-dientibus *a*; vanilo-quis , & seductori-bus , *donec acquie-*scant *b* sanis sermo-nibus Domini no-stri Jesu Christi, & ei , quæ secun-dùm pietatem est , doctrinæ ; illorum quippe *c* sermo ut cancer serpit & sub-vertit fidem *ac mo-*res ; *d* ruina autem hæc sub manu no-strâ *nobisque impu-*tanda, si vocem no-stram non exalte-mus in plateis Je-rusalem.

Et certè si *e* in Christi judicio, *ut* *ait sanctus Leo*, rei de silentio invenian-tur , etiam si non contaminentur af-sensu , quicumque tales non prodendos putant. Quia sicut incauta locutio, *in-*quit alter Ponti-

a *Tit.* 1. *v.* 9. b *Tit.* 1. *v.* 10. c 2.*Tim.* 1. *v.* 17.
d *Isaïe* 3. *v.* 6. e *Serm.* 15.

ſex, & in errorem pertrahit, ita indiſcretum ſilentium eos, qui erudiri poterant, in errore derelinquit; *qui poſſemus vitare id periculi, de quo præmonebat Celeſtinus Epiſcopos Galliæ in epiſtolâ adverſus Maſſilienſes divo Auguſtino obſtrepentes,* Timeo ne connivere ſit hoc tacere, timeo ne magis ipſi loquantur, qui permittunt illis taliter loqui; in talibus cauſis non caret ſuſpicione taciturnitas, quia occurreret veritas ſi falſitas diſpliceret; meritò namque cauſa nos reſpicit, ſi cum ſilentio faveamus errori; ergo corripiantur hujuſ modi, non ſit his liberum pro voluntate habere ſermonem.

gage imprudent, dit un autre ſouverain Pontife, *conduit à l'erreur, auſſi un ſilence indiſcret y laiſſe ceux qu'on pouvoit inſtruire;* comment pourrions nous éviter ce danger dont le Pape Celeſtin avertiſſoit les Evêques de France dans ſa Lettre contre les Semipelagiens, qui crioient mal à propos contre S. Auguſtin : *Je crains que de ſe taire ainſi, ce ne ſoit paroître approuver, je crains que ceux-là ne parlent trop eux mêmes, qui permettent aux autres de parler de la ſorte; Dans de telles conjonctures le ſilence n'eſt pas exempt de ſoupçon, parce que la verité ſe preſenteroit d'elle même, ſi le menſonge nous déplaiſoit; ce ſera avec juſtice qu'on mettra ſur nôtre compte d'avoir favoriſé l'erreur par nôtre ſilence. Qu'on reprime donc ces ſortes de gens, & qu'il ne leur ſoit pas permis de parler ſuivant leur caprice.*

a S. Greg. de curâ paſtor. p. 2. c. 4.

C'eſt par déference pour ces avis que les Prelats de France, ſuivant leur reſpect pour les ſouverains Pontifes, & leur zele à remplir leurs devoirs, n'ont point ceſſé de combattre la doctrine oppoſée à la verité & à la pureté des mœurs. Quel qu'ait été le ſujet de leurs Aſſemblées, ils y ont arrêté ce qu'ils ont jugé à propos ſur les matieres de Religion ; ainſi que nous liſons qu'il a toûjours été pratiqué par les Evêques dés les premiers ſiecles, ſoit dans l'Orient ſoit dans l'Occident.

Enfin les Prelats de la derniere Aſſemblée, ayant mis la main à l'ouvrage qui avoit été commencé par leurs Prédeceſſeurs, ont fait avec exactitude ce que les vœux des gens de bien, le ſalut des fideles & le malheur des tems demandoient, lorsqu'ils ont noté & frapé de leurs Cenſures,

His monitis obſecuti, quâ ſunt in Summos Pontifices religione Eccleſiæ Gallicanæ Præſules, & officii ſui memores, veritati ac morum integritati adverſantem doctrinam infectari non deſierunt. In Comitiis ſuis, qualibet occaſione habitis, ut jam à primis temporibus, ſive in Oriente, ſive in Occidente, ab Epiſcopis actum legimus, quæ de rebus ad Religionem ſpectantibus, ipſis viſa ſunt, decrevere.

Tandem operi, quod à Deceſſoribus fuerat inchoatum, manum admovens nuperrimus Conventus, fideliter perfecit ; quod bonorum vota, fidelium ſalus, temporum iniquitas poſtulabant, dum præcipua laxioris doctrinæ commenta, certis diſtincta capitibus,

ribus, suis Censuris percuffit ac notavit. Vocati ut praeffemus Comitiis (quod novam dignitatem, non tenuitatem noftram decebat) cum Collegis noftris Archiepifcopis & Epifcopis quos omnes vidimus fingulari cum latitiâ,[a] unanimes & idipfum fentientes, folemne judicium tulimus, & illorum autoritati Dioecefani autoritatem addidimus.

les principales nouveautez de la Morale relâchée reduites à certains chefs, & diftinguées par articles. Ayant été appelez pour prefider à cette Affemblée (ce qui convenoit à nôtre nouvelle dignité, & non au peu que nous fommes par nous même) nous avons porté un jugement folemnel avec nos Collegues Archevêques & Evêques que nous avons tous vûs avec un plaifir fingulier *réünis dans les* mêmes fentimens, & nous avons ajoûté à leur authorité, l'authorité particuliere que nous avons dans nôtre Diocéfe.

Quocirca mandamus ac pracipimus omnibus & fingulis Ecclefiarum, Collegiorum, Communitatum, Monafteriorum, Ordinum Superioribus, ut hanc Cenfuram, Declarationem & appendices curent obfervari, & identidem legi in Ecclefiafticis & Religiofis coetibus;

C'eft pourquoy nous mandons & ordonnons à tous & chacun des Superieurs des Eglifes, Colleges, Communautez, Monafteres & Ordres, de faire obferver avec foin ce qui eft porté dans cette Cenfure & Declaration, & dans ce qui y eft ajoûté à la fin; & de la faire lire de tems en tems dans les affemblées Ec-

[a] *Philip. 2. v. 2.*

K

clefiaftiques &Religieu-
fes. Nous défendons
auffi tres - expreffément
à tous les Confeffeurs,
Prédicateurs & Profef-
feurs en Theologie, ou
en quelque autre Scien-
ce que ce foit, & à tou-
te autre perfonne, quand
même ils fe preten-
droient être exempts, de
rien dire, écrire, en-
feigner ou confeiller,
qui ait été condamné
dans cette Cenfure.

*Diftrictiùs etiam in-
hibemus omnibus feu
Sacularibus feu Re-
gularibus Confeffa-
riis, Concionatori-
bus, Theologiæ alia-
rumque Scientiarum
Profefforibus, ne quis
eorum aut ullus a-
lius in noftra Diœ-
cefi, etiamfi immu-
nem, & exemptum
fefe contenderit,
quidquam ullo mo-
do dicat, fcribat, do-
ceat, aut confulat,
quod in illa fit Cen-
fura damnatum.*

DONNE' à Paris dans
nôtre Palais Archiepif-
copal le 5. d'Octobre
1700.

*DATUM Lutetiæ-
Parifiorum in Pala-
tio noftro Archiepif-
copali, III. Nonas
Octobris anno falu-
tis M. DCC.*

† L. A. CARD. DE NOAILLES,
Arch. de Paris.

*Par Ordre de Monfeigneur l'Eminen-
tiffime & Reverendiffime Cardinal,
Archevêque de Paris.*

CHEVALIER.

CENSURE
DE LA SACRE'E FACULTE' DE THEOLOGIE
DE PARIS,

Portée contre les Propositions extraites des Livres intitulés,

Nouveaux Memoires sur l'Etat present de la Chine.

Histoire de l'Edit de l'Empereur de la Chine.

Lettre des Cérémonies de la Chine.

CUM anno Domini 1700. die prima Julii, in Comitiis ordinariis Sacræ Facultatis Theologiæ Parisiensis, habitis in Collegio Sorbonæ, post Missam de Spiritu Sancto so-

DANS l'Assemblée ordinaire de la Faculté de Theologie de Paris, tenuë en la Maison de Sorbonne, l'an de Nôtre Seigneur mil sept cent, le premier jour de Juillet; aprés qu'on eut célebré

2

solemnellement, selon la coûtume, la Messe du S. Esprit, M. Salomon PRIOUX Docteur de la même Faculté, & de la Société de Sorbonne, ayant deferé à la Faculté quelques Livres composez en François, & imprimez sous ces titres.

lemniter, ut moris est, celebratam; S. M. N. Salomon PRIOUX, Doctor ejusdem Facultatis, è Societate Sorbonica, detulisset ad Sacram Facultatem, quosdam Libros vernaculo sermone scriptos, & typis editos sub his titulis.

NOUVEAUX MEMOIRES SUR L'ETAT PRESENT DE LA CHINE, *imprimez à Paris chez Jean Anisson en 1696. & 1697.*

Collectio Epistolarum, de præsenti Statu Sinarum, Parisiis, apud JOANNEM ANISSON, ann. 1696. & 1697.

HISTOIRE DE L'EDIT DE L'EMPEREUR DE LA CHINE, *imprimée par le même Jean Anisson en 1698.*

Historia Imperialis Edicti apud Sinas, ab eodem JOAN. ANISSON typis mandata, an. 1698.

LETTRE SUR LES CEREMONIES DE LA CHINE, *imprimée à Liege chez Daniel Moumal en* 1700.

Epistola de Ritibus Sinensium, Leodii, apud DANIELEM MOUMAL, an. 1700.

Où il prétendoit qu'étoient contenuës certai-

In quibus Libris quasdam Propositio-

nes contineri con-tendebat, dicta Facultatis Censoriâ animadversione dignas ; Selecti sunt ad postulationem S. M. N. GUILLELMI LE BAS ejusdem Facultatis Syndici, octo Magistri, qui unà cum D. D. Decano & Syndico, dictos Libros diligenter & accuratè legerent, expenderent, & de iis ad Facultatem referrent.

Quod cùm illi in variis confessibus privatis, in ædibus Sacræ Facultatis per dictum mensem habitis, præstitissent ; die secundâ mensis Augusti ejusdem Anni D. D. Deputatorum antiquior, ea quæ fuerant per eosdem D. D. Deputatos, acta retulit, exhibuitque Propositiones quasdam, excerptas ex dictis Libris, quas SS. MM. N N. De-

nes Propositions qui meritoient d'être censurées par la Faculté : On choisit à la requisition de Nôtre tres-sage Maître GUILLAUME LE BAS, Syndic de la même Faculté, huit Docteurs, qui avec M. le Doyen, & M. le Syndic, auroient soin de lire & d'examiner diligemment & exactement les Livres qu'on vient de nommer, & d'en faire leur raport à la Faculté.

Les Docteurs s'étant appliquez à cet Examen dans plusieurs Assemblées particulieres, tenuës en la Maison de la Faculté pendant le mois de Juillet ; le second jour d'Août de la même année, le plus ancien de Messieurs les Députez rapporta ce qui avoit été fait par eux, & présenta quelques Propositions tirées des Livres qui ont été nommez, lesquelles Nos tres-sages Maîtres les Depu-

4

tez avoient jugé d'un commun accord devoir être condamnées, & marqua en même temps les Qualifications de la Censure, dont ils croioient qu'elles devoient être notées.

Ce rapport a'iant été ouï, & deux Assemblées s'étant tenuës pour ce sujet le second & le troisiéme jour du mois d'Août, la Faculté resolut qu'on feroit imprimer un Memoire des Propositions dont il s'agissoit, sans y mettre les Qualifications de la Censure, & qu'on le distribûeroit à tous les Docteurs. On indiqua l'Assemblée prochaine au dix-septiéme jour du même mois d'Août, afin que la Faculté déliberât sur les Propofitions renfermées dans le Memoire.

Ce jour-là on commença par écouter quelques-uns de Nos tres-sages Maistres les

putati, concordi consensu damnandas censuerunt ; simulque Censura notas, quibus eas esse configendas existimarunt.

Quibus auditis, & eâ de re duobus Comitiis, scilicet secundâ & tertiâ mensis Augusti habitis, decrevit Sacra Facultas, typis mandandum esse Indiculum dictarum Propositionum absque Censura notis, illumq; singulis Magistris esse distribuendum. Et assignata sunt comitia ad diem decimam-septimam ejusdem mensis Augusti, ut de iis deliberaret Sacra Facultas.

In quibus comitiis, auditis tùm primùm quibusdam è SS. MM. NN. De-

putatis , & habitis Triginta Congregationibus , Centum sexaginta Magistri sententiã dixerunt. Die tandem decimâ-octavâ mensis Octobris ejusdem anni , prædictas Propositiones damnandas censuit Sacra Facultas, & reverâ , ac de facto damnavit in hunc modum.

Députés , & Trente Assemblées s'étant faites depuis,où Cent soixante Docteurs ont dit leur sentiment; Enfin le dix-huitiéme jour du mois d'Octobre de la même année , la Faculté a jugé qu'il falloit condamner les Propositions dont on a parlé , & les a en effet condamnées de la maniere suivante.

I.

Sinarum Gens per duo & ampliùs annorum * millia , cognitionem veri Dei retinuit , illumque coluit eâ ratione , quæ Christianis ipsis exemplo esse possit , atque documento. Collectio epistolarum, de rebus Sinensibus , tom. 2. pag.141. prim.edit. & 114. tertiæ.

I.

LE peuple de la Chine a conservé prés de deux mille ans * la connoissance du veritable Dieu , & l'a honoré d'une maniere, qui peut servir d'exemple & d'instruction même aux Chrétiens. *Memoires de la Chine Tom. 2. pag. 141. de la premiere édition, & 114. de la troisiéme.*

---

* Plusquam duo annorum millia. *Collect.*

* Plus de deux mille ans. *Mémoires de la Chine, tom. 1.*

pag. 118. *de la troisième Edition.*

Long-temps aprés Confucius, *ibid. p.* 119.

Qui naquit 483. ans. avant la venuë de notre Seigneur, *ibid. T.* 1. *p.* 326.

Et vécut soixante & treize ans, *ibid. p.* 336.

De sorte que la Chine n'est devenuë Idolâtre que cinq ou six cens ans avant Jesus-Christ. *Histoire de l'Edit de l'Empereur de la Chine, p.* 103.

Et même qu'aprés Jesus-Christ. *Ad virum nobilem.*

CENSURE.

CETTE PROPOSITION EST FAUSSE, TEMERAIRE, SCANDALEUSE, ERRONE'E, INJURIEUSE A LA SAINTE RELIGION CHRETIENNE.

II.

Si la Judée a eu l'avantage de consacrer un

Epistol. super rebus Sinensi. tom. 2. *pag.* 118. *tert. edit.*

Longo pòst Confucium tempore, *ibid. p.* 119.

Qui natus est 483. annis antè Christum, *ibid. tom.* 1. *pag.* 326.

Et septuaginta tribus annis vixit. *ibid. pag.* 336.

Adeò ut Sinenses, non nisi quingentis, aut sexcentis antè Christum natum annis, in Idololatriam prolapsi sint. *Histor. Imper. Edict. apud Sinas, pag.* 103.

Quin-etiam, non nisi pòst Christum natum. *Ad virum nobilem.*

CENSURA.

Hæc Propositio est Falsa, Temeraria, Scandalosa, erronea, Sanctæ Religioni Christianæ injuriosa.

II.

Quod si Judæa feliciter id contigit, ut Deo

ut Deo opulentius & magnificentius Templum dedicaverit, ipsa etiam Redemptoris præsentiâ & precibus consecratũ; non est profectò Sinarum laus ea mediocris , quòd in ANTIQUISSIMO OMNIUM *quæ fuerint usquam* TEMPLO *Sacra Conditori Orbis fecerint.ibid.pag.* 134. & 135. *primæ edit.* & 109. *tert.*

Temple à Dieu , plus riche & plus magnifique, sanctifié même par la présence & par les prieres du Redempteur, ce n'est pas une petite gloire à la Chine, d'avoir sacrifié au Créateur, dans le PLUS ANCIEN TEMPLE DE L'UNIVERS. *Ibid.* p. 134. & 135. *de la premiere édition,* & 109. *de la troisiéme.*

CENSURA.

Hæc propositio est Falsa & Temeraria.

CENSURE.

CETTE PROPOSITION EST FAUSSE ET TEMERAIRE.

III.

DOCTRINA MORUM *quam Sinenses profitentur, visa est non minùs pura quã Religio.* Epist. de ceremoniis Sinensibus , pag. 32.

III.

LA MORALE DES CHINOIS PARUT AUSSI PURE QUE LA RELIGION. *Lettre sur les Ceremonies de la Chine,* pag. 32.

Sinarum gens purissimas morum le-

La Chine a pratiqué les Maximes LES PLUS

PURES DE LA MORALE, tandis que l'Europe & presque tout le reste du monde étoit dans l'erreur & dans la corruption. *Mémoires de la Chine tom. 2. p. 146. & 147. de la premiere édition, & 118. & 119. de la troisiéme.*

La connoissance du vray Dieu qui avoit duré plusieurs siecles aprés le Regne de l'Empereur KAM - VAM , & même fort probablement long-temps aprés Confucius, ne se conserva pas toûjours dans cette premiere pureté : l'Idolatrie s'empara enfin des esprits, & les mœurs devinrent si corrompuës, que La FOY n'étant plus qu'une occasion d'un plus grand mal, fut peu à peu ôtée (aux Chinois) par un juste jugement de Dieu. *Ibid. p. 148. de la premiere édition, & 120. de la troisiéme.*

ges servavit , cùm intereà Europa , cæteraque orbis partes ferè universa , densis errorum tenebris implicita , & vitiorum omnium labe polluta tenerentur. Collect. epist. to. 2. p. 146. & 147. prim. edit. & 118. & 119. tertiæ.

Notitia veri Dei, quæ per plura sacula steterat pòst regnantem Imperatorem KAM VAM ; *imò ut verisimile est , diù pòst Confucium, non semper in eâdem puritate perseveravit : Idololatrica pravitas sese tandem aliquandò mentibus inseruit , atque adeò mores depravati sunt , ut* FIDES, *cùm non esset deinceps nisi majoris mali occasio , justo Dei judicio , ab ipsis Sinensibus paulatim ablata sit.* ibid. pag. 148. prim. edit. & 120. tertiæ.

Præter INTERIO-REM *cultum, cujus tanta cura habebatur, cavebatur incredibili quâdam diligentiâ, ne quid in* EXTERNIS *Ritibus prætermitteretur.* ibid. pag. 141. prim. edit. & 114. tertiæ.

TçHOüEN - HIO *quintus Imperator* SACERDOTES, *sive Mandarinos* ECCLE-SIASTICOS *variis in Provinciis constituit, qui Sacrificiis præessent.* ibid. pag. 135. prim. editi. & 109. *tertiæ.*

Dixit filio suo Confucius, Quæ faciliora sunt , SANCTI *primùm præstitere.* ibid. tom. 1. pag. 431. prim. editi. & 347. tertiæ.

Huic, (nempe Confucio) dixit olim Sinensis quidam Philosophus , Tu qui

Outre LE CULTE INTERIEUR qui é-toit recommandé , on s'attachoit avec scrupule jusqu'aux moindres cérémonies exterieures. *Ibid. p.* 141. & 142. *de la prem. edit.* & 114. *de la troisiéme.*

TçHOüEN-HIO, cin-quiéme Empereur de la Chine , nomma DES PRESTRES OU DES MANDARINS ECCLE-SIASTIQUES en di-verses Provinces, pour présider aux Sacrifices. *Ibid. p.* 135. *de la premiere edit.* & 109. *de la troisiéme.*

Confucius dit à son Fils: LES SAINTS se sont d'abord appliquez aux choses les plus aisées. *Ibid. tom.* 1. *p.* 431. *de la premiere édit.* & 347. *de la troisiéme.*

Un Philosophe du païs lui dit un jour (à Confucius) Vous qui étes le Petit - fils d'un

Saint. *Ibid. p. 421. de la prem. édit. & 339. de la troisiéme.*

Confucius tâchoit en tout d'imiter son Ayeul, qui vivoit pour lors à la Chine en odeur de Saintete'. *Ibid. p. 406. de la prem. édit. & 327. de la troisiéme.*

Confucius étant mort, il fut pleuré de tout l'Empire , qui dés ce temps là l'honora comme un Saint. *Ibid. p. 415. & 416. de la prem. édition, & 336. de la troisiéme.*

Son humilité & sa modestie donneroient lieu de croire , que ce n'a pas été un pur Philosophe , formé par la raison, mais Un homme inspire' de Dieu, pour

Sancti viri Nepos es. ibid. pag. 421. prim. edit. & 339. tertiæ.

Confucius in omnibus ad imitandum sibi proposuerat. Avum suum, qui apud Sinas vivebat tunc eximiâ quâdam Sanctitatis *famâ , & existimatione. ibid. p. 406. prim. edit. & 327. tertiæ edit.*

Confucius , cùm è vivis excessisset , triste sui desiderium reliquit , in toto Sinarum Imperio , quem illi non secùs ac Sanctum *jam tum coluerunt. ibid. pag. 415. & 416. prim. edit. & 336. tertiæ.*

Eò nos adducunt tanta ejus humilitas & modestia , ut credamus eum non fuisse tantùmmodo Philosophum , rationis magisterio edoctum,

sed

sed eximium quem-
dam hominem Cœ-
LESTI SPIRITU af-
flatum , quem Deus
novi hujus orbis
Doctorem , ac RE-
FORMATOREM esse
voluit. ibid. p. 415.
prim. edit. & 335.
tertia.

Memoriæ tradi-
tum est, Imperatri-
cem , Uxorem TIKO
Regis Sinarum , cum
esset sterilis , ipso
Sacrificii tempore,
tam ferventer postu-
lasse à Deo vim
procreandi liberos ,
ut paucis post die-
bus conceperit , ac
deinde pepererit Fi-
lium celebrem , eò
maximè nomine ,
quòd ex ejus genere
nati sint quadra-
ginta Imperatores ,
qui apud Sinas, non
interrupta serie ,
Regno potiti sunt.
ibid. tom. 2. p.135.
prim. edit. & 109.
tertiæ.

la réforme de ce nou-
veau Monde. Ibid. pag.
415. de la premiere édi-
tion , & 335. de la troi-
siéme.

On raconte dans
l'Histoire, que l'Impe-
ratrice , femme de
TIKO , Roy de la
Chine , étant sterile ,
demanda à Dieu des
enfans avec une si
grande ferveur durant
le temps du Sacrifice ,
qu'elle conçut peu de
jours aprés, & accou-
cha dans la suite d'un
fils , celebre par qua-
rante Empereurs con-
secutifs, que sa famille
donna à la Chine. Ibid.
tom. 2. pag. 135. de la
prem. édition , & 109.
de la troisiéme.

Cette pieté du Prince toucha le Ciel, l'air se chargea de nuages, & une pluie universelle qui tomba sur l'heure, donna en son temps à tout l'Empire une abondante recolte. *Ibid. p. 145. de la prem. edit. & 117. de la troisiéme.*

Hæc Principis pietas Cælum inflexit; aër statim nubibus obvolutus est, & pluvia, quæ eodem instanti terram hanc universam irrigavit, uberem toti Imperio messem congruo tempore ministravit. ibid. pag. 145. prim. edit. & 117. tertiæ.

Vou-VAM Fondateur de la troisiéme Race, offroit luy-même des Sacrifices selon l'ancienne coûtume ; & son frere.... le voyant un jour en danger de mourir, se prosterna devant la Majesté Divine pour en obtenir la guérison...... Pour moy, Seigneur, ajoûta ce bon Prince, je suis peu utile en ce monde ; s'il vous faut une Victime, je vous offre de tout mon cœur ma vie en sacrifice, pourvû que vous conserviez mon Maître, mon Roy, & mon Frere. L'Histoire assûre qu'il fut

Vou-VAM *tertia Familia Conditor, Sacrificia ipse pro veteri consuetudine faciebat; Cujus Frater..... cùm gravissimo morbo oppressum doleret, projecit se supplex coram Supremi Numinis Majestate, Fraterna salutis exposcenda causa...Domine, inquit optimus ille Princeps, non ego tanti sum ; si poscis Victimam, libens meipsum, vitamque tibi devoveo ; servetur modò incolumis Dominus*

Rex , *Fraterque meus. Ejus verò preces auditas esse, eumdemque peractis precibus esse mortuum, pro certo affirmat Historia.*

exaucé, & qu'il mourut en effet aprés sa priere.

Ex quo certissimè constat, non solum apud Sinas servatam fuisse VIM RELIGIONIS *, sed valuisse apud eos* PRÆCEPTA PURISSIMÆ CHARITATIS, QUÆ SUMMA EST EJUS PERFECTIO, ATQUE CHARACTER PROPRIUS. ibid. p. 137. & 138. prim. edit. & 111. tert.

Exemple qui prouve manifestement, que non seulement L'ESPRIT DE LA RELIGION s'étoit conservé parmy ces Peuples (Chinois,) mais qu'on y suivoit encore LES MAXIMES DE LA PLUS PURE CHARITE', QUI EN FAIT LA PERFECTION ET LE CARACTERE. *Ibid. pag.* 137. *&* 138. *de la premiere édition, &* 111. *de la troisiéme.*

Hosce Populos (nempe Sinenses) tantâ quondam sapientiâ præditos, tantâ notitiâ, & si fas sit dicere, SPIRITU DEI *plenos.* Ibid. pag. 183. prim. edit. & 148. tertiæ.

Ces peuples (Chinois) anciennement si sages, si pleins DE LA CONNOISSANCE, & si je l'ose dire DE L'ESPRIT DE DIEU. *Ibid. p.* 183. *de la prem. édit. &* 148. *de la troisiéme.*

CENSURE.   CENSURA.

La doctrine renfermée dans ces Propositions ; Sçavoir , Que la Chine a conservé durant plus de deux mille ans la pureté de la Morale , la Sainteté des Mœurs, la Foy, le Culte de Dieu interieur & exterieur , des Prêtres , des Sacrifices, des Saints, & des hommes inspirez de Dieu , des Miracles , l'esprit de Religion , la plus pure Charité qui est la perfection & le caractere de la Religion, & si j'ose le dire (ajoûte l'Auteur) l'Esprit de Dieu : CETTE DOCTRINE EST FAUSSE , TEMERAIRE , SCANDALEUSE , IMPIE, CONTRAIRE A LA PAROLE DE DIEU, HERETIQUE , RENVERSANT LA FOY ET LA RELIGION CHRE'TIENNE : RENDANT INUTILE LA VERTU DE LA PASSION, & DE LA CROIX DE JESUS-CHRIST.

Doctrina his Propositionibus contenta , nempè *Moralis disciplinæ Puritatem, morum Sanctitatem , Fidem, Cultum Dei veri Internum & Externum , Sacerdotes , Sacrificia, Sanctos ac Homines Inspiratos à Deo , Miracula, Spiritum Religionis, Purissimam Charitatem , quæ Religionis est Perfectio & Character , & si ausim ,* inquit Auctor, *dicere , Spiritum Dei apud Sinas olim per duo annorum millia vel ampliùs permansisse ;* Falsa est , Temeraria, Scandalosa, Impia , Verbo Dei Contraria , Hæretica, Christianæ Fidei & Religionis Eversiva , Virtutem Passionis Christi, & Crucis ejus Evacuans.

IV.

Ut ut sit, in hac sapientissima gratiarum distributione, quas singulis Terræ Gentibus partita est Divina Providentia, nihil est sanè quod conqueratur Sinarum Natio, quandoquidem nulla est, cui GRATIÆ CONSTANTIUS IMPERTITÆ SINT. Collect. Epistol. t. 2. p. 147. & 148. edit. prim. & 119. tert.

CENSURA.

Hæc Propositio Falsa est, Temeraria, Erronea, Verbo Dei Contraria.

V.

Cæterum, nihil esse quod Religio Christiana videretur ipsi (Imperatori Sinensi) peregrina, cujus eadem principia, eadem dogmata præcipua

IV.

Quoiqu'il en soit, dans la sage distribution des graces, que la Providence Divine a faite parmi les Nations de la terre, la Chine n'a pas sujet de se plaindre, puisqu'il n'y en a aucune, qui en ait été plus constamment favorisée. *Memoires de la Chine*, tom. 2. pag. 147. & 148. *de la premiere édition*, & 119. *de la troisiéme.*

CENSURE.

CETTE PROPOSITION EST FAUSSE, TEMERAIRE, ERRONE'E, ET CONTRAIRE A LA PAROLE DE DIEU.

V.

Qu'au reste il ne falloit pas que Sa Majesté (Chinoise) regardât la Religion Chrétienne comme une Religion étrangere, puisqu'elle étoit la même dans ses principes, & dans ses points fondamentaux, que l'ancienne Religion, dont les Sages & les premiers Empereurs de la Chine faisoient Profession, adorant le même Dieu que les Chrétiens adorent, & le reconnoissant aussi bien qu'eux, pour le Seigneur du Ciel & de la Terre. *Histoire de l'Edit de l'Empereur de la Chine, liv. 2. pag.* 104.

CENSURE.

CETTE PROPOSITION EST FAUSSE, TEMERAIRE, SCANDALEUSE ET ERRONE'E.

De plus la Sacrée Faculté declare qu'elle ne pretend nullement approuver le reste de ce qui est contenu dans les Livres qui ont été nommez. FAIT en Sorbone ce 18. Octobre : Releu, & confirmé le 19. du même mois, de l'An de Nôtre Seigneur mil sept cent.

sint, ac prisca Religionis, quam Sapientes & primi Sinarum Imperatores professi sint, eumdem prorsus ac ipsi Christiani Deum adorando, eumque Cœli ac Terra Dominum cum ipsis pariter agnoscendo. Hist. Imp. Edicti apud Sinas. l. 2. pag. 104.

CENSURA.

Hæc Propositio est Falsa, Temeraria, Scandalosa & Erronea.

Insuper declarat Sacra Facultas se neutiquam probare velle catera, quæ in prædictis Libris continentur. ACTUM in Sorbonâ, *die decimâ-octavâ Octobris,* & *Recognitum ac Confirmatum, die decima-nonâ ejusdem mensis,* An. D. 1700.

Par ordre de MM. les Doyen & Docteurs de la Faculté de Theologie de Paris.

DE CHAMP VEILLE, Greffier de ladite Faculté.

REPONSE

DE

CENT TRENTE-DEUX DOCTEURS

DE LA FACULTE'

DE THEOLOGIE DE PARIS,

SUR LES

QUESTIONS DE LA CHINE.

Dreſſées en l'année 1699. par les Eminentiſſimes Cardinaux depu-tés, aprés pluſieurs Congrega-tions, lecture faite des Ecrits de part & d'autre, & enſuite propo-ſées à la Sacrée Congregation du Saint-Office.

Ontroverſiis in Imperio Sinico ſubortis inter Miſſio-narios Apoſtolicos, iiſque ad ſanctam Sedem delatis ſub Innocentio X. Ale-xandro VII. & Cle-mente IX. num quæ-dam quæ à Sinis Gentilibus peragun-tur, præſertim erga

S'ETANT élevé dans l'Empire de la Chi-ne des conteſtations en-tre les Miſſionnaires A-poſtoliques, & ces con-teſtations ayant eſté portées au Saint-Siege ſous les Papes Innocent X. Alexandre VII. & Clement IX. ſçavoir ſi quelques pratiques des Chinois Gentils, ſur tout à l'égard de Confucius ancien Philosophe , & des Ancestres morts , peuvent être permises à ceux qui ont embrassé la foy Chrétienne , parce que quelques-uns des Missionnaires asseuroient que ces sortes d'actions sont superstitieuses ou même idolatriques , & que quelques autres au contraire les jugeoient seulement civiles & politiques.

Le 12. de Septembre 1645. quelques Questions furent proposées, examinées & résoluës dans la Sacrée Congregation de la propagation de la foy, dont le Decret fût approuvé par Innocent X. de sainte memoire.

On en discuta, & on en resolut encore d'autres dans la Sacrée Congregation du Saint-Office le 23 de Mars 1656. & ces resolutions furent confirmées par Alexandre VII. Puis le 20. de Novembre 1669. Clé-

Confucium antiquæ philosophum, & Progenitores defunctos , permitti possint iis , qui ad Christianam fidem conversi fuerint ; proptereà quòd alii ex Missionariis affirmarent actiones illas superstitiosas vel idololatricas esse , alii è contra civiles tantùm & politicas.

Die 12. Septembris 1645. Quæsita quædam in S. Congregatione de propagandâ fide , proposita , examinata , & resoluta fuerunt, approbante sanct. memor. Innocentio X.

Alia quoque in sacra Congregatione Sancti Officii pariter discussa & resoluta , die 23. Martii 1656. sanct. memor. Alexander VII. approbavit, & deinde 20. Novembris 1669.

1669. *sanct. memor. Clemens I X. utraque vim habere pro diversa facti, & circumstantiarum expositione declaravit*

At verò cùm ejusmodi controversiæ Missionariorum non adhuc quiescerent, D. Carolus Maigrot Vicarius Apostolicus Fokiensis, in toto suo Vicariatu quædam observanda præcepit, donec aliter ab Apostolica Sede decretum fuerit, Edicto promulgato die 26. Martii 1693. & in septem articulos distributo, & petente eadem Maigrot sui Mandati confirmationem, sanctiss. D. N. Innocentius XII. rem ad hanc Sacram Congregationem Sancti Officii diligentissimè discutiendam remisit, deputatis ad id quatuor Theologis & Qualificatoribus, vi-

ment IX. de sainte memoire, declara que l'un & l'autre Decret avoit toute sa force suivant la diverse exposition du fait & des circonstances.

Mais comme ces contestations des Ouvriers Evangeliques ne finissoient point, Messire Charles Maigrot Vicaire Apostolique de Fokien a ordonné qu'on observast dans tout son Vicariat de certains points, jusqu'à ce que le Saint-Siege y eust autrement pourvû. C'est ce que porte son Mandement du 26. de Mars 1693. qui renferme sept articles, & comme il en a demandé la confirmation, Nôtre Tres-Saint Pere Innocent XII. a renvoyé l'affaire à cette Sacrée Congregation du Saint-Office, pour y être discutée avec tout le soin possible, ayant député pour cela quatre Theologiens & Qualificateurs, sçavoir, le Pere Gabrielli General

4

de la Reforme de saint
Bernard, le Pere Serra-
no General des Hermi-
tes de saint Auguftin,
le Pere Philippe de saint
Nicolas Exgeneral des
Carmes Déchauffez, &
le Pere Varefe autre-
fois Commiffaire Gene-
ral de l'Ordre des Fre-
res Mineurs.

Et afin qu'on fuft en
état de propofer des
Queftions bien for-
mées, & que les cir-
conftances du fait puf-
fent être conftantes,
Sa Sainteté a ordonné
qu'on citaft le Pere
Jean François de Leonif-
fa de l'Ordre des Freres
Mineurs de l'Obfervan-
ce reformez, élû Evê-
que de Berite & Vicaire
Apoftolique de *Hû
quang*, qui aprés un
long féjour de plufieurs
années dans la Chine
étant de retour à Ro-
me, eft un témoin di-
gne de foy, qui a vû
de fes yeux les chofes

*delicèt Patre Ga-
briellio Generali Re-
formatorum fancti
Bernardi, Patre Ser-
rano Generali Here-
mitarum fancti Au-
guftini, Patre Phi-
lippo à fanċto Nico-
laò Exgenerali Car-
melitarum Difcal-
ceatorum, & Patre
Varefio olim Com-
miffario generali Or-
dinis Minorum.*

*Utque opportuna
quæfita proponeren-
tur, & de facti
circumftantiis probè
conftaret, Sanċtitas
fua juffit adeffe Pa-
trem Joannem Fran-
cifcum à Leoniffa
Ordinis Min. de Ob-
fervantia Reforma-
torum, electum E-
pifcopum Beritenfem
& Vicarium Apofto-
licum Hû quang,
qui poft longam plu-
rium annorum in
Imperio Sinico mo-
ram, huc redux ad-
vènit, rerum, quæ
in illis regionibus
peraguntur oculata*

fidei teſtis , Sina-
rumque rituum ap-
primè inſtructus.

Igitur ſolerti cu-
râ , & omnibus ſe-
riò, exactéque per-
penſis , & additâ
facti circumſtantia-
rum plenâ enarra-
tione inſtructâ , ef-
formata fuerunt qua-
ſita ſuper unoquo-
que ex ſeptem arti-
culis Edicti Domini
Maigrot Vicarii A-
poſtolici Fokienſis ,
videlicet.

qui ſe paſſent dans ce
païs-là , & rapporté une
pleine connoiſſance de
toutes les ceremonies
Chinoiſes.

Ayant donc tout pe-
ſé avec un tres - grand
ſoin , & avec toute la
maturité & l'exactitude
poſſible , ayant même
joint le Procés verbal
des circonſtances du fait
en bonne forme , on a
poſé des queſtions ſur
chacun des ſept Arti-
cles du Mandement de
M. Maigrot Vicaire A-
poſtolique de Fokien,
ſçavoir :

SUR LE PREMIER ARTICLE.

Primò, Quæritur,
an excludi debeant
nomina Europæa ad
ſignificandum Deum
Opt. Max.

Nomen enim Deus,
aliaque vocabula
Europæa, quibus ſu-
premum Ens ſignifi-
catur, Sinicis chara-
cteribus exprimi vix
poſſe, nullamque rei

1. On demande ſi
pour ſignifier le Dieu
tres-bon & tres-grand ,
on doit exclure les noms
qu'on luy donne en Eu-
rope.

Car ce terme , Dieu,
& les autres termes Eu-
ropeans dont nous nous
ſervons pour faire en-
tendre le Souverain
Etre , ne peuvent preſ-
que point eſtre expri-

mez par les caracteres de la Chine, & il paroît qu'ils ne peuvent donner aux Chinois nulle idée de la chose qu'on veut leur faire connoître.

2. On demande si pour signifier Dieu il faut rejetter les mots de *Tien*, qui veut dire, Ciel, ou de *Xang-Ti*, qui veut dire, Souverain Empereur.

La raison de douter est, que quoiqu'il y ait quelques Missionnaires d'Europe qui ayent crû & qui croyent encore, que les anciens Chinois se sont servis de ces mots *Tien* & *Xang-Ti*, pour marquer le Dieu vivant & le vray Dieu; neanmoins presque tous les autres Missionnaires asseurent que les Chinois Lettrez, qui forment la principale Secte de la Chine, étant tombez tous, ou suivant

significata ideam apud Sinas excitare videntur. Videri possunt. (a)

Secundò. Quaritur, an ad significandum Deum Opt. Max. repellenda sint voces Tien, *calum, vel* Xangti, *supremus Imperator.*

Ratio dubitandi est, quia licèt aliqui Missionarii Europæi existimaverint, & existiment antiquos Sinas præfatis nominibus Tien, *&* Xangti *indigitasse Deum vivum & verum; nihilominùs Missionarii ferè omnes asserunt, quòd Sinenses Literati, qua est præcipua in Sina Imperio Secta, quatenus ejusdem Secta doctrinam ex-*

(a) Supplex libellus Procuratoris generalis Soc. Jesu, § primo.

Observationes Patris Dez in Mandatum Vicarii Maigrot à PP. Soc. Sac. Congregationi exhibitæ, fol. 108. § *Prævaluit*, part. 2. observ. 1.

ponunt

ponunt & sequuntur, saltem à quingentis annis, cùm in Atheismum deciderint, vel omnes, vel, ut aliquibus videtur, ferè omnes, nominibus Tien *&* Xangti *, nihil aliud nisi cælum materiale & visibile, vel ad summum quamdam cæli virtutem eidem cælo insitam, quam rerum omnium principium, seu potiùs comprincipium esse putant, designant. Unde cælo sic sumpto, quemadmodum & terræ, planetis, montibus ac fluviis respectivè sacrificant, & in regiis urbibus* Pe-ching *&* Nanching *templa visuntur, in quibus statis anni temporibus, præsertim in templo Pe-chinensi ipsemet Imperator cælo solemne sacrificiü offert.* (b)

le sentiment de quelques-uns, presque tous dans l'Atheïsme, quand ils exposent & suivent la doctrine de leur secte de la maniere qu'ils le font, du moins depuis cinq cens ans, n'entendent autre chose par les termes de *Tien* & *Xamti* que le *ciel materiel & visible*, ou tout au plus je ne sçay quelle vertu naturelle du ciel qu'ils estiment être le principe, ou plûtôt le comprincipe de toutes choses; d'où il arrive qu'ils sacrifient au ciel pris en ce sens, de même qu'ils le font à la terre, aux planettes, aux montagnes, aux fleuves. On voit dans les villes Royales de *Pekin* & de *Nankin* des Temples, où dans de certains temps de l'année, sur tout à *Pekin*, l'Empereur luy-même offre au ciel un sacrifice solemnel.

(b) Semedo Relat. della gran Monarch. della Cina, part. I. cap, 17. pag. 105. qui solummodò testatur sacrificari cælo.

Maffæus hist. Indic. pag. 100. ait quòd aliqui cælum præcipuè omni studio colendum existimant.

Joannes Grueber in libro Italico , Notizie varie
dell'Imperio della Cina, pag. 88. testatur sacrificari
cælo.

Memoriale Procurat. generalis Soc. Jesu Sacr. Congregationi exhibitum , paragraph. II primo.

Videantur Ludovicus le Comte in libro Gallico ,
Nouveaux Memoires , tom. 2. pag. 186. & Pater à
Leonissa in suis responsionibus ad quæsita Sacr. Congregationis , & ad quæsita Eminentiss. Casanatte. Lon-
gobardus apud Illustriss. Navarettam , tom. 9. p. 246.

3. On demande s'il faut appeller Dieu du nom de *Tien chu* , qui veut dire , le Seigneur du ciel. La raison est , parce que ce nom de *Tien chu* est reçû de tous les Missionnaires de la Chine par un long usage , & en cela les Parties paroissent convenir.

Tertiò. Quæritur, an Deus Opt. Max. sit appellandus nomine Tienchu, *cæli Dominus. Ratio est quia ab omnibus Missionariis Sinensibus vocabulum* Tienchu *ad significandum Deum Opt. Max. longo usu receptum est. Et in hoc partes dissentire non videntur. Videri possunt iidem authores quibus additur.* (c)

4. On demande si en faisant attention à ce qu'on a dit jusqu'icy, il seroit permis d'asseurer que les Chinois par les noms de *Tien* & de *Xang Ti* entendent le Dieu que les Chrétiens adorent.

Quartò. Quæritur, an attentis prædictis liceat affirmare Sinas præfatis nominibus Tien & Xangti *intelligere Deum quem Christiani colunt.*

(c) Pater à Leonissa in suis responsionibus ad quæsita Sacr. Congregationis particularis....... & ad
quæsita Eminentiss. Casanatte.

Primò. *Quæritur, an permitti poſſit appendi in Eccleſiis Chriſtianorum tabellam inſcriptam* King Tien, *cælum colito.*

Ratio dubitandi eſt, quia prædicta vox Tien, *nunc temporis à Sinenſibus Literatis accipitur pro cælo materiali, ut ſuprà dictum eſt, in ratione dubitandi ad tertium quæſitum ſupra primo artic. Et quatenus negativè.* (d)

Secundò. *Quæritur, an ſaltem permitti poſſit cum declaratione, & quâ.*

1. On demande ſi on peut permettre de mettre dans les Egliſes des Chrétiens le Tableau où eſt écrit, *King Tien*, adorez le ciel.

La raiſon de doûter eſt, que le mot *Tien* ſe prend à preſent par les Chinois Lettrez pour le ciel materiel, ainſi qu'on l'a dit cy-deſſus dans la raiſon de doûter ſur la troiſiéme Queſtion du premier Article, & ſi on répond que non.

2. On demande ſi on peut du moins le permettre en y joignant quelque declaration, & quelle elle doit être.

Proponetur quæſitum infrà, quia pendet à decidendis in ſequentibus.

On propoſera plus bas une Queſtion, parce qu'elle dépend de quelques points qu'on doit decider dans les Articles ſuivans.

(d) Videri poſſunt authores allegati littera (b)

SUR LE IV. ARTICLE.

1. On demande si les Sacrifices ou Oblations solennelles qui se font deux fois par an en l'honneur de Confucius & des Ancêtres, sont mêlées de Superstitions, en sorte qu'on ne puisse nullement, ni pour aucune raison permettre aux Chrétiens d'y faire la principale fonction, d'y exercer aucun ministere, ou même d'y être presens.

La raison de douter, à l'égard de Confucius, est qu'il semble que la Secte des Lettrez, qui dans cet Empire tient le premier rang, honore Confucius non seulement comme un Maître, mais encore comme un Saint.

Primò. *Quæritur, an superstitione imbuta sint solemnia, quæ semel & iterùm singulis annis Confucio, & Progenitoribus offerri solent sacrificia, seu oblationes, ita ut iis præesse, ministrare, aut interesse Christianis nullatenus, nullaque de causa permitti possit.*

Ratio dubitandi est respectu Confucii, quia Secta Literaria, quæ primas obtinet in illo Imperio, Confucium non solùm uti Magistrũ, verùm etiam uti Sanctum colere videtur. (c)

(e) Videri possunt Semedus Relatione della gran Monarchia della China, part. 1. cap. 10. pag. 63.

Kirker China illustrata, part. 3. cap. 1. fol. 132. & pag. 137. col. 1.

De Marin hist. de fel. successu, lib. 1. cap. 8. pag. 104. qui tantùm loquitur de Tunchinensibus.

Rhodes in catechis. pag. 113. & in relatione historica de Tunchino, pag. 60.

Bartol. La Cina, lib. 1. pag. 74. vers. 12.

Præterea in quadam oblatione facienda Confucio, quæ describitur in libro, seu rituali Sinico, TaMingHoeyTien, nonnulla orationes, seu offertoria præscripta sunt, in quibus Confucii virtus cælo terræque æquiparatur, doctrina antiquis modernisque præfertur : imò ex quo homines esse cœperunt, nemo illum æquasse dicitur, & quòd ejus spiritus præteritos Xing seu sanctos excellit. Quòd autem hìc dictio Xing sanctitatem potiusquàm sapientiam, vel sapientiam simul & sanctitatem significet, infertur ex hoc, quòd inter illos qui Confucium præcesserunt, & Xing superiùs appellantur, comprehenduntur saltem nonnulli de quibus expressis verbis in classicis Sinarum li-

De plus, dans une des Offrandes qu'on luy fait, dont la description est dans le Livre ou Rituel Chinois appellé *Ta Ming Hoey Tien*, il y a de certaines Oraisons, ou Offertoires prescrits, où la vertu de Confucius est comparée au ciel & à la terre, & sa doctrine preferée à celle des Anciens & des Modernes ; bien plus, on y dit que depuis que les hommes ont commencé d'être, nul autre ne l'a égalé, & que son esprit surpasse tous les *Xing*, c'est-à-dire, tous les Saints qui ont été avant luy ; au reste que le terme *Xing* signifie en cet endroit, la sainteté piûtôt que la sagesse, ou tout ensemble, la sagesse & la sainteté, on l'infere de ce qu'entre ceux qui ont precedé Confucius, & qui cy-dessus sont appellez *Xing*, on y comprend au moins quelques-uns dont il est écrit en termes exprés dans les Livres claſſiques des Chinois, Qu'aprés leur mort ils ſont montez au ciel, où ils ont le pouvoir de favoriſer les hommes, & qu'ils ont été reverez dans l'antiquité, & le ſont encore aujourd'huy comme des Saints par les Chinois. Outre cela il eſt écrit en d'autres endroits des Livres de cet Empire, *Xing Jin chy chy ie: Jû Jao Xun Ven Vang cheu Kung Kung Chu.* C'eſt-à-dire, que Confucius eſt à la teſte des ſaints perſonnages, comme ſont, par exemple, les plus anciens Empereurs *Jao, Ven* & *Xun* Roy, & *Vang* Prince; on conclut auſſi que dans cet endroit le mot *Xing* ſignifie plûtoſt la ſainteté que la ſageſſe, de ce que tous ceux qu'on vient de nommer icy avant Confucius, ſont placez chez les Chinois dés les premiers temps au rang des Saints les plus élevez, & qu'ils

bris dicitur, quòd poſt mortem in cælum evolarunt, & in cælis poteſtatem habent favendi hominibus; eoſque etiam Sinenſes antiquitùs, ut ſanctos venerati ſunt, & hactenùs celebrant ut tales; & inſuper alibi in libris Sinicis hæc habentur Xing jin chy chy ie: jû jaô Xun ven vang cheù kung kung chu, *id eſt, ſanctorum virorum ſummitas; ut v. g. antiquiſſimi Imperatores* Jaô, & Xûn *Rex*, Ven Vang *princeps,* cheù Kung; & Kung chu, *ſeu Confucius. Quòd verò hoc etiam in loco dictio* Xing *ſanctitatem potiuſquàm ſapientiam ſignificet, inferri videtur, ex eo quòd omnes ante Confucium hìc nominati apud Sinas in ſuprema ſanctorum ſerie ab anti-*

quis temporibus refe-
rantur , & ut ta-
les ab iisdem Sinen-
sibus semper habiti
fuerint, ut constat
ex libris eorum claf-
ficis ; licèt apud Si-
nenfes Atheos præ-
fata dictio Xing in
allatis textibus, per-
fectiffimum & fa-
pientiffimum virum,
vel summum perfe-
ctionis gradum , ad
quem homines cælo,
feu naturâ favente
pertingere poffunt ,
fignificare videatur.

Ipfe Confucius in
fingulis civitatibus
ædes habet ei dedi-
catas , quæ gymna-
fia non funt , nec
aula tantùm effe vi-
dentur , fed potiùs
capellæ , eò quòd Si-
nicè vocentur Miaò,
quo vocabulo idolo-
rum templum defi-
gnatur , & à non-
nullis auctoribus æ-
des prædicta , templa
feu fana dicantur.
Videri poffunt. (f)

ont été toûjours regar-
dez comme tels par les
peuples de la Chine ,
ainfi qu'il paroît par
leurs Livres claffiques,
quoique dans le fenti-
ment des Chinois A-
thées , le terme de Xing
dont il eft parlé dans les
textes alleguez , femble
fignifier un homme tres-
parfait & tres-fage, ou
bien le fouverain degré
de perfection , où les
mortels puiffent arriver
à la faveur du ciel, qui
veut dire la nature.

Le même Confucius
a dans chaque ville des
édifices qui luy font dé-
diez , qui ne font pas
des Colleges , & qui ne
paroiffent pas être fim-
plement des Salles, mais
plûtoft des Chapelles ,
parce qu'en langage
Chinois on leur donne
le nom de *Miao* , nom
qui fignifie un Temple
d'Idoles ; & ces édifices
font appellez en effet
par quelques Autheurs,
des Temples & des lieux
facrez.

(f) Trigaltius & Riccius de Chriftiana expedi-

tione , lib. 1. pag. 118.
Semedus , part. 1. cap. 10. pag. 63.
Kirker China illuſtrata, p. 3. cap. 1. pag. 132. col. 1.

Dans ces édifices on voit l'image ou la figure de Confucius, ou du moins un cartouche avec cette inscription : *Le ſiege de l'eſprit du tres ſaint & du tres ſage Confucius premier Maître*, ce qui en Langue de la Chine s'exprime ainſi , CHI XING SIEN SÙ KUNG CHU XIN GOEY, ſuivant le témoignage du Pere A-leoniſſa, qui aſſeure auſſi que le mot Chinois *Xing*, ne ſignifie pas ſeulement un Saint, mais encore quelquefois un Sage. D'autres traduiſent la ſuſdite inſcription : *Le ſiege de l'eſprit du tres-ſaint & du ſurexcellentiſſime Confucius.*

Les Mandarins ou Gouverneurs,& les Magiſtrats des villes , avec les Chefs des Lettrez & les Graduez ou Docteurs dans les Lettres, font dans le même lieu

In quibus adibus extat effigies Confucii , vel ſaltem tabella cum hac inſcriptione : Sedes ſpiritus ſanctiſſimi vel ſapientiſſimi protomagiſtri Confucii , quæ verbis Sinicis eſt hujuſmodi , CHI XING SIEN SÙ KUNG CHÙ XIN GOEY, ut teſtatur Pater à Leoniſſa , qui aſſerit dictionem Sinicam Xing non ſignificare tantummodò ſanctum , ſed aliquando & ſapientem. Alii præfatam inſcriptionem ſic latinè vertunt : Sanctiſſimi & ſuperexcellentiſſimi.

Mandarini ſeu Gubernatores , ac Magiſtratus urbium unà cum Literatorum Præfectis , nec non Graduatis ſeu Doctoribus literatis, bis in anno , nempe circa æquinoctium veris & autumni , ibidem solemnem oblationem , seu sacrificium peragunt , in quo à Ministro & assistentibus , cum variis genuflexionibus & inclinationibus , dirigente cæremoniarum Magistro, ante tabellam Confucii supra mensam, seu altare expositam , candelis accensis cum odorum suffitu , immolati , seu immolandi animalis sanguis ac pili offeruntur , ac deinde terra infodiuntur , itemque panni serici , qui posteà extra templum seu ædem in proximo atrio , accenso igne , comburuntur. Item vinum libatur , occisorum animalium, suis videlicet , capra seu cervi , & similium carnes immolantur , quæ inter assistentes , & alios ,

deux fois chaque année , vers l'Equinoxe du Printemps & de l'Automne, une Offrande ou un Sacrifice solemnel avec plusieurs genuflexions & inclinations, sous la direction d'un Maître des ceremonies , devant le Tableau de Confucius posé sur une Table ou Autel , avec des bougies allumées & des parfums dans des cassolettes. On offre le sang & le poil de l'animal qui a esté ou qui doit être immolé , & ensuite on les en terre. On offre aussi des pieces de soye , qu'on brûle aussi - tôt après dans un feu fait exprès hors du Temple ou édifice , en un vestibule tout proche. De plus on répand du vin par une espece de libation, on immole les chairs des animaux égorgez, c'est - à - dire d'un cochon , d'une chevre, ou d'un cerf, & d'autres semblables , & ces chairs se distribuent à la fin de l'Offrande ou Sacrifice entre les affistans & ceux qui n'y affiftent pas, qui tous les mangent & en font beaucoup de cas. Mais fur tout, dés le commencement on invite l'efprit de Confucius à fe trouver là, pour y jouïr des chofes qu'on luy immole ; & lors qu'il y vient, on le reçoit avec de certaines ceremonies, & on luy annonce à luy-même, comme s'il étoit prefent dans le Tableau, tout ce qui fe fait dans le Sacrifice. Le Rituel public prefcrit aux Miniftres un jeûne & une continence conjugale de quelques jours avant le Sacrifice. On choifit les victimes qu'on doit immoler, en répandant dans leurs oreilles du vin chaud ou quelque autre liqueur, pour en faire l'épreuve. L'Offrande commence après le premier ou le fecond chant du cocq, & on la termine de tres grand

peractâ oblatione, feu facrificio, diftribuuntur, & ab omnibus magni fiunt, & comeduntur. Ante omnia autem jam à principio Confucii fpiritus invitatur ut adfit, immolatifque fruatur, venienfque ad oblationem certis cæremoniis recipitur, eique quidquid in facrificio geritur, tanquàm præfenti in tabella fignificatur : Miniftris nonnullorum ante facrificium dierum jejunia, & à thoro conjugali abftinentia publico ritu præfcripta funt : hoftias immolandas, fufo in earum auriculis probandi cauſâ liquore quodam, feu vino calido, feligunt ; oblatio incipit poft primum aut fecundum galli cantum, & fummo mane terminatur ; fpiritum Confucii, finitâ oblatione, ab-

*euntem grato animo
ac certis verborum
formulis prosequun-
tur : & adstanti-
bus omnibus, ante-
quàm dimittantur,
ob sacrificium benè
peractum, felicita-
tes plurima promit-
tuntur, quæ in ri-
tuali Ta Ming Hoei
Tien tom. seu tract.
91. in descriptione
oblationis faciendæ
Confucio apud Pa-
trem à Leonissa vi-
deri possunt respe-
ctivè. (g)*

*Præter prædictas
binas solemnes obla-
tiones, aliæ minùs
solemnes eodem in
loco, seu quidam
alii ritus & cæremo-
niæ in ejusdem Con-
fucii honorem statu-
tis temporibus pera-*

matin. Après qu'elle est
achevée on reconduit
l'esprit de Confucius,
qui s'en retourne, par
des témoignages de re-
connoissance & par de
certaines paroles dont
la formule est reglée.
Enfin, avant que de
congedier les assistans,
on leur promet, pour
avoir bien fait le Sacri-
fice, beaucoup de bon-
heur & beaucoup d'a-
vantages, qu'on peut
voir dans le Rituel *Ta
Ming Hoei Tien* au tome
ou traité 91. dans la de-
scription que le P. Aleo-
nissa a donnée de l'Of-
frande qu'on doit faire
à Confucius.

Outre ces deux Ob-
lations solemnelles, il
se fait d'autres ceremo-
nies moins considera-
bles dans le même lieu
& dans les temps reglez
à l'honneur du même
Confucius, tant par les
Magistrats ou Gouver-

(g) Bartol. Cina, part. 3. lib. 1. pag. 71.
Kirker in China illust. p. 3. cap. 10. pag. 132.
Le Tellier, tom. 2. pag. 274. paraph. *Vous direz.*
Lopez, cap. 5. de Confucio, num. 60. circa me-
dium, pag. 64.

neurs des villes, que par tous les autres Lettrez; & quoique M. Maigrot Vicaire Apostolique n'en ait pas fait mention en particulier, neanmoins parce que le Pere Martini de la Compagnie de Jesus en a exposé quelque chose dans la consultation qu'il a faite au Saint-Siege, on met icy une autre Question pour éclaircir davantage le fait.

2. On demande donc si les Ceremonies, Rits & Offrandes moins solemnelles qui se font en l'honneur du même Confucius, peuvent licitement se faire & pratiquer par les Chrétiens dans le lieu cy-dessus marqué.

Le sujet de douter, outre ce qu'on vient de dire dans la precedente raison sur la premiere Question, c'est que deux fois par mois à la nouvelle & à la pleine lune, le Mandarin ou

guntur, tùm à Magistratibus, seu Gubernatoribus urbium, tùm à reliquis Literatis, de quibus etsi speciatim à Vicario Apostolico Maigrot mentio facta non fuerit; nihilominus quia in quæsitis Patris Martinii Societatis Jesu aliqua saltem exposita fuerunt, hîc aliud quæsitum ad rem clariùs elucidandam instituitur.

Secundò. Igitur quæritur, an cæremonia, ritus & oblationes minùs solemnes quæ fiunt in honorem ejusdem Confucii, à Christianis licitè exerceri & peragi possint in loco præfato.

Ratio dubitandi, præterdicta in præcedenti ratione ad primum, est quia bis singulis mensibus, in novilunio scilicet & plenilunio, cujuscumque urbis Mandarinus

Mandarinus seu primarius Magistratus, aliique Officiales & Literati summo mane ædem seu templum Confucii magna cum pompa adeunt, & ante ejus effigiem seu tabellam, accensis cereis, cum thuris atque odorum suffitu, repetitis vicibus genuflectunt toto corpore prostrati, ac terram fronte percutientes. Itemquandoque,præsertim in novilunio, ab aliquibus vinum, & olera quædam ac fructus offerri solent. Mandarini, seu Gubernatores urbium, ac Magistratus antequàm dignitatem adeant, seu saltem post aditam dignitatem, seu dignitatis possessionem, ad templum seu ædem Confucii pergunt; ibique ante ejus effigiem seu tabellam eadem peragunt,quæ fieri ab eis in novi-

premier Magiſtrat de chaque Ville, & les autres Officiers & Lettrez, vont dés le grand matin avec beaucoup de pompe dans l'Edifice ou Temple de Confucius, & devant ſon Image ou Tableau les cierges allumez, avec de l'encens & autres odeurs, ils font pluſieurs genuflexions & proſtrations de tout le corps, en battant la terre de leur front. C'eſt encore une coutume établie, que quelques-uns de temps en temps, ſurtout à la nouvelle-lune, offrent du vin, des legumes, & des fruits. Les Mandarins ou Gouverneurs des villes & les Magiſtrats, avant que de prendre poſſeſſion de leurs Charges, ou aprés l'avoir priſe, vont au Temple ou Edifice de Confucius; là devant ſa Figure ou ſon Tableau ils font les mêmes choſes que nous avons dit qu'ils pratiquent dans la nouvelle

& la pleine lune , sans offrir neanmoins ni vin , ni fruits , ni legumes.

Outre cela les Lettrez , lorsque dans le College ou Palais, dans lequel on les examine durant quelques jours , ils ont pris les Degrez des Lettres , ils vont aussi-tost à l'Edifice ou Temple de Confucius , & dans ce lieu - là devant le même Tableau, les cierges allumez, brûlant de l'encens & des parfums , ils fléchissent plusieurs fois les genoux , & se prosternent tout le corps par terre , selon qu'il se fait dans les autres ceremonies ou Oblations moins solemnelles qu'on vient de rapporter. Or ces sortes d'Offrandes ou ceremonies plus ou moins solemnelles , sont tellement établies par les Loix des Empereurs de

lunio, ac plenilunio modo quo dictum est; non tamen vinum, olera , nec fructus offerunt. Videri possunt. (h)

Præterea Literati postquàm in amplissimo Gymnasio , seu Palatio , ubi per aliquos dies probantur , gradus literarios adepti sunt , statim ad ædem seu templum Confucii se conferunt , ibique coram prædicta tabella , cereis accensis , cum thuris atque odorum suffitu, iteratis vicibus genuflectunt toto corpore ad terram prostrati , prout in aliis proximè relatis ritibus , seu oblationibus minùs solemnibus. Hæ verò in honorem Confucii oblationes , tum solemniores , tum minùs solemnes , seu ritus præfati , ita Sinensium Impera-

(*h*) Omnes qui allegati sunt litera (*g*)

torum legibus, pu-
blicoque regni usu
stabiliti sunt, ut
non liceat eos omit-
tere, saltem absque
gravi periculo re-
spectivè amissionis
Mandarinatûs, gra-
duum aut dignita-
tum. Videri pos-
sunt. (i)

Respectu verò Pro-
genitorum, ratio du-
bitandi circa solem-
nes oblationes, quæ
in primo quæsito pro-
ponuntur, est quia
Sina defunctos pa-
rentes seu progenito-
res, saltem usque
ad quartum gradum
publico ac singulari
cultu prosequuntur:
ædes eis dedicant,
quæ potiùs capella
& templa, quàm
simplices aulâ viden-
tur esse, tum ex iis
quæ in eis geruntur,
tum ex nomine Miao,
quo Imperialium,
aliorumque Imperii

la Chine, & par l'usa-
ge public de l'Empire,
qu'il n'est pas permis
de s'en dispenser, sans
se mettre en tres-grand
peril ou de perdre le
Mandarinat, ou les
Degrez, ou les Char-
ges.

A l'égard des Ancê-
tres, la raison de dou-
ter, en ce qui regarde
les Offrandes solemnel-
les qu'on propose dans
la premiere Question,
c'est que les Chinois
rendent un culte pu-
blic & singulier à leurs
parens morts & à leurs
Ancestres, au moins
jusqu'au quatriéme de-
gré. Ils leur dedient des
Edifices qui paroissent
plûtost des Chapelles &
des Temples, que de
pures Salles, tant par
les choses qu'on y fait,
que par le nom qu'ils
portent de *Miao*, & qui
a esté donné par une

(i) Lopez in prolog. dicti Tract. paragraph. Dubia
quoque, circa finem.
Pater à Leonissa in suis responsionibus ad quæsita.

tres-ancienne institu-
tion aux Maisons où
l'on honore les Ances-
tres morts des Empe-
reurs&des autresGrands
de l'Etat, nom dont on
se sert communément
pour signifier les Tem-
ples des Idoles, ainsi
qu'on l'a déja remarqué
cy-dessus, & on doit
faire attention qu'il est
ordonné par un Rituel
tres-ancien appellé *Liki*,
que ces Edifices ou
Temples aussi bien que
les vaisseaux qui ser-
vent aux Offrandes ou
Sacrifices, & dont il
n'est pas permis de se
servir à nul autre usage
hors des Temples, soient
consacrez par le sang
des animaux comme
par une espece de de-
dicace. Et pour les vê-
temens qui étoient &
qui sont encore en usa-
ge pour les Grands, &
particulierement pour
les Empereurs; il est

*Procerum, progeni-
torum defunctorum
ædes ex antiquissima
institutione vocan-
tur, quo pariter no-
mine etiam idolo-
rum templa commu-
niter designantur,
ut suprà dictum est,
& animalium quo-
que sanguine ex an-
tiquissimo ritu in ri-
tuali* Liki *præscripto,
uti etiam oblatio-
num seu sacrificio-
rum vasa, qua nul-
li usui extra tem-
pla prædicta applica-
ri licet, dedicari so-
lent: vestes verò
quibus Proceres, ac
præsertim Imperato-
res uti solebant, aut
solent in præfatis ob-
lationibus, speciali
ritu in eodem* Liki
*descripto fieri de-
bent, ac consumpta
obsoletaque cremari,
ne profanis usibus
inserviant.*

porté par le même Rituel *Liki* qu'ils doivent
être faits avec une ceremonie speciale, &
brûlez lorsqu'ils sont usez, de peur qu'on
ne s'en serve à quelque chose de profane.

Cæterorum antem progenitorum defunctorum ædes, licèt non Miaò, sed Chù Tang appellentur, in re idipsum significare, & ad eosdem cultus erga defunctorum præfatorum spiritus exhibendos destinari videntur, quia tam in ædibus Chung Miao dictis, quàm in Chù Tang nuncupatis, imagines seu statuæ primariorum progenitorum reperiuntur, aut saltem & communiter ubique tabella progenitorum asservantur supra mensam vel altare cum hac inscriptione : Sedes spiritûs N. defuncti progenitoris.

Quæ quidem tabella saltem his temporibus ideò fieri videntur, ut non tantummodò loco spirituum seu defunctorum adhibeantur, sed etiam ut iidem

Et quoique les Edifices des autres Ancêtres morts ne s'appellent pas *Miao,* mais *Chu Tang,* ces deux noms paroissent avoir la même signification, & que ces Edifices sont destinez à rendre un culte tout pareil aux esprits des morts, parce qu'on trouve également tant dans ceux qu'on nomme *Chung Miao,* que dans les autres qu'on appelle *Chu Tang,* les Images ou Statuës des Anceftres les plus considerables ; ou du moins on garde par tout communément des Tableaux des Anceftres fur une Table ou Autel, avec cette inscription, *Le fiege de l'esprit de N. Ancestre mort.*

Il paroît que ces Tableaux se font, du moins dans le temps present, afin que non seulement ils tiennent la place des esprits ou des morts ; mais aussi que ces mêmes esprits ou ames des défunts s'y repofent en quelque maniere, parce que dans le temps qu'on enfevelit les parens morts, & qu'on commence à fe fervir de ces Tableaux, au lieu même de la fepulture, comme il eft conftant par le Rituel Chinois *Kiali*, on va devant ces mêmes Tableaux inviter à genoux en termes exprés, les efprits ou ames des Morts, à venir s'y repofer, & à retourner dans leur maifon; après quoy on porte folemnellement ces Tableaux à la maifon, & on les place dans le temps marqué avec pareille folemnité dans les Edifices dont on a cy-devant parlé. Il eft encore dit dans ce Rituel, que quand il faut changer ou ajoûter quelques lettres dans ces Tableaux, (ce qui fe fait lorfqu'on en introduit de nouveaux dans ces Edifices, ou que l'on fait paffer les an-

fpiritus feu defun-&torum anima, quodammodò in eis refideant, quia eo tempore quo defun-&ti progenitores fepeliuntur, quo etiam earumdem tabellarum incipit ufus, in ipfomet fepulturæ loco, ut ex rituali Sinico Kiali nuncupato conftat, ad dictas tabellas flexis genibus & expreffis verbis, fpiritus feu anima præfata invitantur, ut in illis refideant & domum revertantur; quo facto eædem tabella folemniter domum deferuntur, ac ftatuto tempore in ædibus præfatis etiam folemniter collocantur. Dicitur & in dicto rituali, quòd quando in præfatis tabellis aliqua litera mutanda, vel addenda funt (quod quidem fit quando in ædes præfatas nova tabella introducuntur, &

antiquæ seu priores ad gradum superiorem transeunt juxta ordinem consanguinitatis, vel quando ab Imperatore nova dignitas, seu dignitatis titulus, aliquibus progenitoribus defunctis juxta regni morem confertur, qui tabellis inscribendus est) aquâ madefiant, ut abradi possint, & abrasis lotisque, lotionis aqua in ædis seu templi parietem projiciatur, quæ cæremonia summam Sinensium reverentiã erga easdem tabellas indicare videtur. Item in eodem rituali dicitur, quòd transacto quarto consanguinitatis gradu, quando scilicet in ædibus seu templis præfatis dictas tabellas asservari ampliùs non licet, hujusmodi tabellæ terra infodi debent respectivè, vel in pro-

ciens & les premiers à un rang superieur, suivant l'ordre de consanguinité, ou lorsque l'Empereur, suivant la coûtume du Royaume, donne à quelques Ancestres morts quelque nouvelle dignité, ou quelque nouveau titre d'honneur qui doit être marqué sur les Tableaux) on les doit mouiller avec de l'eau, afin qu'on puisse en effacer ce qu'on veut, & qu'étant ainsi effacez on jette cette eau, qui a servi à laver le Tableau, sur la muraille de l'Edifice ou Temple; ceremonie qui paroît marquer un tres grand respect de ces Chinois envers ces Tableaux. De plus le même Rituel ajoûte, qu'après le quatriéme degré de consanguinité, quand il n'est plus permis de garder davantage dans les Edifices ou Temples ces Tableaux, il faut les enterrer, les uns dans la propre sepulture des Ancestres, les autres dans la partie anterieure de l'Edifice, ou prés de la porte. Anciennement on avoit coûtume de les transporter des Edifices appellez *Chung Miao* dans d'autres, où on les cachoit & conservoit. Et dans le Rituel *Kiali*, il est marqué que l'Empereur & les grands Seigneurs en usent ainsi : On invite les esprits ou ames, de leurs Ancestres, principalement dans le temps des Oblations solemnelles, à descendre à ces mêmes Tableaux, ou aux lieux, sieges, & tables, sur lesquelles ces Tableaux (si on doit les exposer) aprés avoir été tirez avec grand respect de leurs Tabernacles, ont été posez. On invite aussi ces mêmes esprits à demeurer dans ces Tableaux ou dans ces lieux, sieges & tables ; ce qui se fait même par des paroles expresses, comme il est constant

priis sepulturis eorumdem progenitorum, vel in parte anteriori ædis, seu prope januam : antiquitùs autem ab ædibus Chung Miao *nuncupatis, ad alias ædes transferri solebant, ibique asservari & recondi, & in rituali* Kiali *dicitur quòd Imperator, & imperii Proceres id faciunt, ad easdem tabellas, vel ad loca & sedilia, seu mensas in quibus dicta tabella è suis tabernaculiscum speciali reverentia extracta, exposita jam sunt, si adhiberi debeant, eorumdem progenitorum spiritus, seu anima præsertim solemnium oblationum tempore invitantur, ut descendant, & ut in eis maneant, quod quidem fit vel expressis verbis, ut constat ex formula descripta in rituali*

Kiali , *ubi de obla-*
tionibus faciendis
primis familiarum
progenitoribus Xy
Chu *&* Sien Chu
nuncupatis, qui jam
quartum gradum af-
cendentia præceffe-
runt, fit fermo ; quæ
formula in medio æ-
dis, feu templi an-
te vas ibidem cum
carbonibus accenfis
pofitum, flexis geni-
bus à primario ob-
lationis Miniftro re-
citari debet, eâque
recitatâ fuper eif-
dem carbonibus cum
fpeciali caremonia ,
animalis , feu victi-
ma pinguedo poni-
tur , feu effunditur
ut vapor afcendat ,
vel faltem & femper
cum caremonia ef-
fundendi vinum fu-
per palearum mani-
pulum , quæ Kiang
Xin *, id eft, defcen-*
fus fpirituum in eo-
dem rituali appella-
tur, quaque pariter
cum folemnitate &
reverentia magna

par la formule écrite
dans le Rituel *Kiali ,*
où il eft parlé des Of-
frandes qu'on doit faire
aux premiers Anceftres
des familles , qu'on ap-
pelle *Xy Chu ,* & *Sien*
Chu , qui font déja au-
deffus du quatriéme en
montant vers l'origine;
& cette formule doit
être recitée à genoux
au milieu de l'Edifice
ou Temple, par le prin-
cipal Miniftre de l'Of-
frande , devant un va-
fe qui eft pofé là , &
rempli de charbons al-
lumez ; aprés quoy on
pofe ou on répand fur
ces charbons avec une
ceremonie particuliere,
la graiffe de l'animal ou
de la victime, afin que
la vapeur s'en éleve ;
& toûjours au moins
avec la ceremonie de
l'effufion du vin fur une
botte de paille , cere-
monie qui s'appelle
Kiang Xin dans le mê-
me Rituel ; c'eft à dire,
la defcente des efprits,
& qui ordinairement
doit fe faire avec gran-

de reverence & folem-
nité au milieu du Tem-
ple ou Edifice devant
une Table ou Autel où
on brûle des odeurs, qui
pour cette raifon fe
nomme *Hiang Cho*;
c'eft à dire, *Table des
parfums* : c'eft-là que
l'on fait enfuite une
autre femblable cere-
monie, de répandre du
vin, qui eft appellée
Chi, ce qui fignifie une
Offrande faite à la pla-
ce ou fiege des efprits
(& qu'on dit qui s'a-
dreffe aux anciens In-
ftituteurs & Inventeurs
du vin.)

De plus, on invite
les Anceftres ou leurs
efprits à venir jouïr,
s'il leur plaît, des cho-
fes offertes, felon qu'il
eft prefcrit dans le mê
me Rituel. Il eft fait
plufieurs fois mention
dans les anciens livres
& dans les autres Ri-
tuels Chinois de cette
defcente ou venue des
efprits des Anceftres
morts, & de la manie-
re qu'ils jouïffent des

*ordinariè fieri debet,
in medio templi feu
ædis ante menfam
feu altare, ubi odo-
res cremantur, qua
Hiang Cho, id eft,
odorum menfa voca-
tur; ibique pofteà
fit alia fimilis cære-
monia effundendi vi-
num, qua vocatur
Chi, id eft, oblatio
qua loco fpirituum
fit (fierique dicitur
antiquis vini infti-
tutoribus feu inven-
toribus.)*

*Itemque progeni-
tores, feu progenito-
rum fpiritus invi-
tantur, ut oblatis
fruantur, feu frui
velint, ut in eodem
rituali præfcribitur;
de eodem defcenfu
feu adventu fpiri-
tuum etiam proge-
nitorum defuncto-
rum, & de fruitio-
ne, feu acceptatione
oblatorum pluries fit
mentio in libris an-*

tiquis, & aliis ritualibus Sinicis; unde multi Sinenses eosdem progenitorum spiritus cæremoniis supradictis, invitatos venire, & frui putant, aut credunt; Non pauci tamen ad imaginariam vel dubiam, potiusquàm realem spirituum præsentiam, adventum & fruitionem, hæc omnia, ut etiam ex libris & ritualibus Sinicis colligitur, reducere videntur. Confucius verò in libro Lun Jeu ait: Chy Ju, Chay: Chy Ju Xin, Chay; id est, offerendum seu sacrificandum est spiritibus, scilicet illis, quibus offertur veluti si spiritus adessent, seu existerent. Statutis autem anni temporibus in eisdem locis seu templis præfatorum progenitorum defunctorum, spiritibus solemnes

Offrandes, & dont ils les acceptent & agréent: d'où il arrive que plusieurs Chinois pensent ou même croyent que ces esprits des Ancestres étant invitez par les susdites ceremonies y viennent en effet. Cependant il y en a beaucoup qui comme on le peut recueillir des Livres & des Rituels Chinois, paroissent reduire tout cela à une presence imaginaire ou douteuse, plûtost qu'à une presence réelle, à une venue effective, & une jouïssance veritable des esprits. Mais Confucius dans le Livre *Lun Jeu*, dit ces paroles: *Chy Ju Chay: Chy Ju Xin, Chay.* (C'est-à-dire à ceux à qui on offre,) comme si ces esprits étoient presens ou existens. Dans de certains temps de l'année on fait des Offrandes ou Sacrifices solemnels aux esprits dans les mêmes lieux ou Temples des Ancestres morts, & il n'y a que les hommes & les femmes de chaque famille dont on honore les Anceſtres qui s'y trouvent, & les aiſnez de ces mêmes familles font obligez par la Loy d'exercer les premieres fonctions dans ces Offrandes ; ce font ces aiſnez qui égorgent de leurs propres mains les animaux deſtinez à l'immolation dans les lieux & avec les ceremonies que les Rituels ordonnentdifferemment ſelon la diverſe qualité des perſonnes, & tout s'y paſſe à peu prés ſelon les mêmes rits, (en changeant neanmoins ce qui doit être changé) qu'on a décrits cy-devant dans les Oblations ſolemnelles qui ſe font à Confucius. Dans les Temples ou Edifices appellez *Chu Tang*, on n'offre point ſuivant le Rituel *Kiali*, des pieces de ſoye, & dans ce Rituel il n'eſt fait nulle mention de cette monnoye de papier qu'on

oblationes, ſeu ſacrificia offeruntur, ad quæ tantummodò cujuſque familiæ viri, ac mulieres reſpectivè conveniunt, ac earumdem familiarum primogeniti ex lege debent primaria officia in dictis oblationibus exercere, qui etiam propriis manibus animalia offerenda occîdunt in locis, ac cum cæremoniis in ritualibus pro perſonarum qualitate reſpectivè præſcriptis, omniaque peraguntur eodem ferè ritu, mutatis mutandis, qui ſuprà in oblationibus ſolemnibus Confucio exhibitis deſcriptus eſt : in templis ſeu ædibus Chu Tang nuncupatis, juxtà rituale Kiali ſerica non offeruntur, nec in eodem fit mentio illius papyracea moneta, quæ nunc temporis in omnibus oblationibus,

lationibus , quæ progenitoribus defunctis à Gentilibus fieri solent , cremantur , eò quòd hac cæremonia non sit propria Sectæ Literariæ : neque in fine oblationis illa verborum formula præscribitur , quâ in superioribus oblationibus abeuntes spiritus prosequuntur , sed tantùm ad id quædam inclinationes & prostrationes facienda referuntur , quibus peractis tabellæ , si adhibitæ & expositæ fuerint , in locum suum reportantur , & in tabernaculis reponuntur , nec non progenitorum nomine , seu de merito eorumdem , ut in rituali Kiali dicitur , à Magistro cæremoniarum ministris primariis , & implicitè adstantibus omnibus plurima felicitates promittuntur; & antequàm fiant , non-

brûle à present dans toutes les Oblations que les Gentils ont coûtume de faire aux Ancestres morts , parce que cette ceremonie n'appartient pas proprement à la secte des Lettrez , & à la fin de cette Offrande il n'est pas prescrit d'user de la formule dont on se sert dans les precedentes , pour reconduire les esprits quand ils se retirent : mais seulement ils rapportent à cela quelques inclinations & prostrations qu'on doit faire , & qui étant faites , les Tableaux , si on les a representez & exposez , sont reportez dans leur place , & remis dans les Tabernacles , le Maistre des ceremonies , comme on l'apprend du Rituel Kiali , promet plusieurs avantages aux principaux Ministres, & confusément à tous les assistans , au nom & comme par le merite des Ancestres. Et avant que de faire quelques-unes de ces Oblations folemnelles, on tire au fort le jour, avec une ceremonie particuliere, à la porte de l'Edifice ou Temple *Chu Tang*, & pareillement avec une autre ceremonie fpeciale qui fe fait dans ce même Edifice ou Temple, on donne avis de cet heureux choix aux Anceftres morts, ou à leurs efprits, comme on le peut voir dans le même Rituel, où on lit encore, que toutes les Offrandes nommées *Chi*, confiftent uniquement ou principalement dans la plenitude d'un amour & d'un refpect folide & parfait ; & c'eft pour cela que les pauvres doivent les faire felon leur pauvreté, & les malades fuivant leurs forces ; au lieu que ceux qui ont de grands biens & beaucoup de fanté, doivent s'en acquitter exactement en gardant toutes les ceremonies prefcrites.

nulla ex prædictis folemnibus oblationibus, fortibus cum fpeciali cæremonia ante januam ædis feu templi Chu Tang *eligitur dies, & de felici electione monentur pariter fpeciali ritu in eadem æde, feu templo progenitores defuncti feu eorumdem fpiritus, ut videre eft in dicto rituali ; in quo etiam dicitur quòd omnes oblationes* Chi *confiftunt tantummodò feu principaliter in totali foliditate & perfectione amoris & reverentiæ, & ideò pauperes juxta paupertatem fuam, infirmi juxta vires fuas in illis faciendis fe gerant ; qui verò divitiis & viribus abundant, juxta præfcriptos ritus eas peragant.*

Preces verò licèt ex antiquissimo ritu in libro seu rituali Liki *tantummodò certis temporibus, seu pro publicis Imperii necessitatibus in templis progenitorum defunctorum ,* Chung Miao *nuncupatis , peragendæ præscribantur , & non pro privatis necessitatibus seu indigentiis , vel ad privatas felicitates postulandas; cùm è contra hoc ipsum ex eodem antiquissimo ritu in oblationibus etiam solemnibus ordinariè offerendis interdictum videatur ; nihilominùs etiam ad privatas felicitates ab eisdem progenitoribus defunctis petendasdeprecationes, præsertim nunc temporis à Sinensibus quandoque fieri referuntur , & probantur ex alio rituali Sinico in quatuor tomos diviso ,*

Pour ce qui est des prieres , quoique suivant une ceremonie tres-ancienne , le Livre ou Rituel *Liki* n'ordonne d'en faire dans les *Chung Miao,* c'est-à-dire, dans les Temples des Anceſtres défunts , qu'à certains temps & pour les neceſſitez publiques de l'Empire , & non pas pour les neceſſitez ou les beſoins des particuliers , non plus que pour leur obtenir des avantages ; puiſqu'au contraire par cette même ceremonie tres-ancienne , il paroît que cela eſt défendu dans les Oblations même ſolemnelles qu'on doit faire ordinairement; néanmoins on rapporte que les Chinois , ſur-tout à preſent , font auſſi quelquefois des prieres à ces mêmes Anceſtres défunts pour leur demander des proſperitez particulieres , & ces prieres ſont approuvées par un autre Rituel Chinois , diviſé en quatre romes , qu'on nomme aussi *Kiali* dont les Gentils se servent communément dans la Chine, quoique ce ne soit pas par autorité publique , mais plûtost par une permission tacite, que des Docteurs particuliers ont inseré ces prieres dans ce Rituel & ailleurs. Au reste , ils croyent & ils esperent ordinairement qu'ils seront heureux & fortunez , à proportion de la pieté & de l'exactitude qu'ils auront apportées, à s'acquitter des devoirs accoûtumez envers les défunts. On voit encore par un Rituel classique , qu'il y a un ordre de l'Empereur à tous les Gouverneurs des villes de l'Empire,de s'appliquer avec tout le soin possible à nourrir les animaux destinez aux Sacrifices qui doivent être offerts à *Xamti*, à tous les esprits, même à ceux des défunts , dans les Temples & les lieux qui sont

& Kiali pariter dicto , quo Gentiles passim utuntur in Sinis , licèt hujusmodi deprecationes non fuerint authoritate publicâ , sed potiùs tacitâ permissione in eodem rituali , & alibi à privatis Doctoribus inserta. Communiter autem eò magis felices, ac fortunatos se fore putant , aut sperant , quò majori pietate ac diligentiâ solitis officiis erga præfatos defunctos functi fuerint. Ex classico rituali etiam habetur , quòd in alendis animalibus ad usum sacrificiorum tum Xamti , tum spiritibus omnibus etiam progenitorum in templis & locis eisdem respectivè dicatis,offerendorum destinatis , Imperii urbium præfectis de mandato Regio injunctum sit, ut omnem curam ad-

hibeant , populísque id ipsum suadeant , eò quòd ad felicitátes pro eisdem, populis petendas in dictis oblationibus offerri debeant. Item ex classicis ritualibus plura referuntur, unde deduci videtur, Sinenses non tantùm à Xamti, aliísquespiritibusmontium scilicet, fluminum, &c. verùm etiam à spiritibus defunctorum felicitates plurimas concedi ob præfatas oblationes benè peractas, docuisse, credidisse ab antiquo tempore, aut saltem finxisse.

dediez aux uns & aux autres, & qu'il est aussi ordonné à ces Gouverneurs de porter les peuples à faire la même chose, parce que les Oblations dans lesquelles ces animaux doivent être offerts, sont pour demander des prosperitez en faveur de ces mêmes peuples. On rapporte encore des Rituels classiques plusieurs autres choses, dont il semble qu'on peut conclure, que les Chinois ont enseigné, ont crû il y a long-temps, ou du moins ont feint, que non seulement le *Xamti*, & les autres esprits, sçavoir ceux des montagnes, des rivieres, &c.

mais même les esprits des défunts accordoient plusieurs avantages en considération de ces Offrandes qu'on avoit bien faites.

Qui verò Atheisticamdoctrinamprofitentur & sequuntur, licèt eorumdem spirituum existentiam negent, tamen quadã motione sympathicâ per dispositi-

Quant à ceux qui font profession de l'Atheïsme & qui le suivent, quoiqu'ils nient l'existence de ces esprits, cependant ils font entendre que la disposition des ceremonies prescrites aux Ministres pour sacrifier ou pour offrir, excite par un certain mouvement sympathique, remuë & attire en quelque maniere l'air le plus subtil du ciel, dans lequel, ils asseurent que les esprits des défunts se resolvent, d'où ils enseignent qu'il s'écoule des influences favorables sur ceux qui offrent & qui assistent; ce qu'on infere encore de ce qui se trouve dans les extraits d'un Livre intitulé, *Confucius, Philosophe des Chinois*, imprimez de nouveau par les Peres de la Societé, & presentez dans un petit Livre à la Sacrée Congregation. Enfin ces Athées aussi - bien que tous les Anciens, comprennent sous le nom de *Kuei Xin* tous les esprits, mêmes ceux des défunts, lorsqu'ils veulent les designer & les nommer en general, & ils rapportent de ces *Kuei Xin* plusieurs bel-

tionem ministris ad sacrificandum vel offerendum præscriptam, cæli aërem tenuissimum in quem defunctorum spiritus resolvi asserunt, concitari ac moveri, & quodammodò attrahi ad oblationem insinuant, unde beneficos influxus erga offerentes adstantesque promanare docent: quod infertur etiam ex iis quæ habentur in extractis ex libro cui titulus Confucius Sinarum Philosophus, *& per Patres Societatis iterùm impressis, ac in parvo libello Sacræ Congregationi oblatis. Tandem præfati Athei prout antiqui omnes sub nomine* Kuei Xin *spiritus omnes etiam defunctorum, dum genericè eos designare vel nominare volunt, comprehendunt, & de præfatis* Kuei Xin *genericè multa* *præclarè referunt, sicque populis erga illos timorem pariter & honorem suadent.* (1)

Præter prædictas solemnes oblationes, quæ fiunt in honorem defunctorum progenitorum, aliæ etiam minùs solemnes oblationes, nec non alii ritus ac cæremoniæ eisdem in ædibus seu templis, diversis anni temporibus, præsertim primâ die anni Sinici in solstitiis ac singulis mensibus, in novilunio scilicet & plenilunio in honorem eorumdem defunctorum fieri solent; de quibus licèt Vicarius Apostolicus Maigrot specificam mentionem non fecerit, expedire videtur ob ra-

les choses en general, par où ils portent les peuples à les craindre & à les honorer.

Outre ces Oblations solemnelles qui se font en l'honneur des Ancestres défunts, il y en a encore d'autres moins solemnelles, d'autres rits & ceremonies qu'on a coûtume de faire dans les mêmes Edifices ou Temples en l'honneur des mêmes défunts, dans divers temps de l'année, particulierement le premier jour de l'année Chinoise, aux solstices, & chaque mois dans la nouvelle & dans la pleine lune. Et quoique M. Maigrot Vicaire Apostolique n'en ait point fait de mention speciale, cependant il paroît à propos d'en faire icy une Question particu-

(1) Maffeius Hist. Indic. pag. 100.

Semedo part. 1. cap. 18. pag. 3. ubi tamen negat esse propriè sacrificia.

Alexander de Rhodes lib. 1. cap. 27. pag. 88. & 89. qui loquitur de Tunkino.

De Marin. lib. 1. cap. 14. folio 155. qui pariter loquitur de Tunquino.

liere , & cela pour la raison qu'on a rapportée cy-deſſus dans l'endroit où on traite des Oblations moins ſolemnelles qu'on a coûtume de faire à Confucius. C'eſt pourquoy

3. On demande s'il eſt permis aux Chrétiens de faire dans ces Edifices ou Temples ces Oblations moins ſolemnelles , d'y ſervir en qualité de Miniſtres, ou en quelqu'autre maniere que ce ſoit, & d'y faire les autres rits & ceremonies.

La raiſon de douter, outre ce qui a déja été dit dans la precedente, ſur ce qu'on a demandé touchant les mêmes Morts , c'eſt que dans les temps marquez cy-deſſus , les perſonnes de chaque famille de l'un & de l'autre ſexe, qui par leur Office ſont obligées à ces ceremonies conformément à ce qui eſt preſcrit par les Rituels Chinois , ſe reveſtent dés le grand

tionem ſupra allatam , ubi de oblationibus minùs ſolemnibus Confucio fieri ſolitis agitur , ut etiam ſpeciale quæſitum hîc inſtituatur. Vnde

Tertiò. Quæritur, an Chriſtianis liceat in præfatis ædibus , ſeu templis ſupradictas oblationes minùs ſolemnes offerre, in eis miniſtrare, ſeu quomodo-libet inſervire , nec non alios ritus & cæremonias peragere.

Ratio dubitandi ; præter ea quæ dicta ſunt in ſuperiori ratione ad quæſitum reſpectu præfatorum defunctorum , eſt , quia ſupradictis temporibus , uniuſcujuſque familia perſona utriuſque ſexûs , ad quos juxta præſcriptum in ritualibus Sinicis , ac præcipuè in rituali Kiali ex officio ſpectat , ſummo mane debitis , ac

*speciosis vestibus in-
duta, ades progenito-
ribus dicatas, ac
pridie pro more or-
natas, respectivè
adeunt, in eis co-
ram tabellis eorum-
dem progenitorum
post ablutionem ma-
nuum, cum variis
inclinationibus & ge-
nuflexionibus, è ta-
bernaculis per mini-
stros designatos ex-
tractis, & supra
mensam, seu altare
collocatis, cereis ac-
censis, odores ac thu-
ra cremantur, vi-
num libatur, & su-
per palearum ma-
nipulum effunditur,
(qua caremonia in-
dicat descensum spi-
rituum) fructus va-
rii ac potio Cha di-
cta offertur seu ap-
ponitur coram qua-
libet ex eisdem ta-
bellis, ac tandem
cum aliis genufle-
xionibus & inclina-
tionibus, spiritibus
abeuntibus quodam-
modo valedicitur.*

matin de beaux habits
& tels qu'on les doit
avoir pour lors, vont
chacun aux Edifices de-
diez à leurs Ancestres,
qu'on a eu soin d'orner
dés la veille, selon la
coûtume. Là les Chi-
nois. aprés avoir lavé
leurs mains se proster-
nent devant les Ta-
bleaux de ces mêmes
Ancestres, avec diver-
ses inclinations & genu-
flexions. Ces Tableaux
ayant été tirez de leurs
Tabernacles par des Mi-
nistres marquez, & é-
tant placez sur une Ta-
ble ou Autel, les cier-
ges allumez, on brûle
des odeurs & de l'en-
cens, on répand du vin
par une espece de liba-
tion, & on l'épanche
sur une botte de paille;
(cette ceremonie mar-
que la descente des es-
prits) on offre & on
sert devant chacun de
ces Tableaux differen-
tes sortes de fruits, &
la boisson nommée *Cha*:
& enfin, avec d'autres
genuflexions & inclina-

.tions , on dit en quelque façon Adieu aux efprits qui fe retirent.

Dans la pleine-lune, felon ce qui eſt dans le Rituel *Kiali*, on ne tire point les Tableaux de leurs Tabernacles , on ne fert point de vin, mais on fert du fruit & la boiſſon *Cha*. Le reſte fe fait comme dans la nouvelle-lune.

Outre cela , preſque tous les jours & en certains cas , ceux que cela regarde font differentes inclinations & proſtrations , allument des cierges , & brûlent des odeurs devant ces Tableaux.

Enfin , ceux qui ne font pas aſſez riches pour avoir des Edifices ou Temples dediez aux Anceſtres morts , offrent ou fervent , mais avec moins de folemnité,dans les maiſons particulieres & aux temps de l'année cy - deſſus marquez , de la chair, du vin , la boiſſon *Cha*,

In plenilunio verò juxta ea , quæ habentur in rituali Kiali , cæremoniæ extrahendi tabellas è tabernaculis non fit , vinum non apponitur , fed fructus & potio Cha ; cætera ut in novilunio peraguntur.

Infuper diebus quaſi fingulis, & in certis caſibus coram tabellis præfatis ab his ad quos fpectat inclinationes & proſtrationes variæ fiunt , odoreſque quandoque cremantur, cereis accenſis.

Tandem qui funt tenuioris fortunæ ut non habeant ædes feu templa progenitoribus defunctis dicata , in domibus privatis coram tabellis eorumdem in fupradictis anni temporibus reſpectivè accenſis candelis cum thuris , feu odorum

suffitu, offerunt seu apponunt carnes, vinum, potionem Cha, fructus & alia hujusmodi, genuflexionibus seu inclinationibus etiam adhibitis, minori tamen cum solemnitate. Sinæ enim domi communiter habent locum aliquem tanquam Lararium, ubi dictas tabellas cum solita inscriptione asservant, easque singulis diebus sæpe salutant, ac certis temporibus, uti dictum est, coram eisdem ritus ac cæremonias præfatas peragunt.

Item Sinenses ferè omnes sepulchra eorumdem progenitorum, quæ in montibus seu locis præaltis extra mœnia sunt, semel in anno adeunt; ibi oblationem faciunt, apponendo scilicet car-

des fruits & autres choses semblables, devant les Tableaux de ces défunts, aprés y avoir allumé des cierges, brûlent de l'encens & des odeurs, & font aussi des genuflexions ou des inclinations. Car les Chinois ont communément dans leurs maisons un certain lieu qui est comme l'appartement des Dieux domestiques; c'est-là qu'ils gardent les Tableaux de leurs Ancestres avec l'inscription accoûtumée, ils les saluent souvent chaque jour; & en certain temps, comme on l'a déja dit, ils font devant eux les ceremonies & les rits qu'on a rapportez.

Les Chinois vont aussi une fois l'année visiter les tombeaux de leurs Ancestres, qui sont hors de la ville sur les montagnes ou les lieux les plus élevez. Là ils font une Offrande, c'est-à-dire, qu'ils servent de la chair, du vin, des fruits, du *Cha* & autres choses semblables, avec les genuflexions & les inclinations accoûtumées. Quelques fois ils font toutes ces choses d'une maniere plus solemnelle conformément aux rits & ceremonies selon leurs forces, faisant aussi la ceremonie de répandre du vin, qui est appellée comme cy-dessus *Kian Xing*; ils arrachent les plantes & les autres herbes qui naissent autour des sepulchres, ils les nettoyent, ils pleurent, & aprés avoir cessé de pleurer ils mangent ce qu'ils ont offert.

Les Chinois ont encore coûtume de faire d'autres Oblations plus ou moins solemnelles à leurs Ancestres défunts, principalement depuis le jour de leur deceds jusqu'au temps de leur sepulture. Ces Oblations font semblables aux autres dont on a déja parlé, excepté qu'ils ne les font point dans

nes, vinum, fructus, potionem Cha, & alia hujusmodi, cum solitis genuflexionibus & inclinationibus: aliquando autem solemniùs hæc omnia peragunt, juxta ritus ac vires; adhibitâ etiam caremoniâ effundendi vinum, quæ ut supra Kian Xing vocatur; herbas etiam & gramina circa sepulturas nata eradicant, purgant; plorant, mox finitis lachrymis oblatis vescuntur.

Alias insuper oblationes tum solemnes, tum minùs solemnes Sinenses facere solent mortuis progenitoribus, præsertim à die obitús usquequò sepultura tradantur, quæ exceptâ circumstantiâ templi, seu adis, nec non vestium speciosarum,
quia

quia lugubribus ve-
stimentis eo tempo-
re utuntur, in cæ-
teris cum supradictis
respectivè concor-
dant. Et ideò

Quartò. Quæritur,
an Christianis liceat
præfatas oblationes,
ritus ac cæremonias
coram supradictis
progenitorum tabel-
lis in privatis do-
mibus vel etiam in
eorumdem progenito-
rum sepulchris, aut
antequàm defuncti
prædicti sepultura
tradantur, in eorum
honorem fieri con-
suetas, unà cum Gen-
tilibus, vel seorsim
peragere, eisque mi-
nistrare aut inter-
esse.

Quintò. Quæri-
tur, an Christianis
liceat præfatas om-
nes oblationes, tum
solemniores, tum mi-
nùs solemnes, nec
non alios ritus, ac
cæremonias tam in
ædibus, seu templis

un Temple ou Edifice
dédié, & qu'ils ne s'y
servent point de vête-
mens magnifiques, par-
ce qu'alors ils font en
habit de deuil. Et pour
cela

4. On demande s'il
est permis aux Chré-
tiens de faire devant
ces Tableaux des An-
cestres, ces Oblations,
rits & ceremonies qu'on
a coûtume de faire en
leur honneur dans les
maisons particulieres ou
à leurs tombeaux ou
avant leur sepulture, &
s'ils peuvent les faire,
y servir, ou y assister
avec les Gentils, ou
separément.

5. On demande s'il
est permis aux Chré-
tiens de faire toutes ces
Oblations soit plus so-
lemnelles, soit moins
solemnelles, aussi bien
que les autres rits &
ceremonies, tant dans
les Edifices ou Temples

des défunts, que dans les maifons particulieres & aux tombeaux, comme elles ont été rapportées cy-deffus, & s'ils peuvent les faire, y affifter avec les Gentils, ou y fervir, au moins aprés avoir protefté publiquement ou en fecret, qu'ils ne font point toutes ces chofes pour rendre à leurs Anceftres un culte religieux, mais feulement un culte civil & politique, & qu'ils ne leur demandent rien, ni n'efperent rien d'eux.

6. On demande s'il eft permis, ou fi on peut permettre aux Chrétiens de faire feparément des Gentils, ou avec eux toutes ces Oblations chacun dans les lieux qui leur conviennent, ou au moins dans leur maifon ou aux tombeaux des défunts, de faire auffi les autres rits & ceremonies aprés en avoir ôté tout ce qu'il pourroit y avoir de fuperftitieux,

defunctorum, quàm domi, & in fepulchris, prout fupra relata funt, peragere, aut eis fimul cum Gentilibus intereffe, vel in eis miniftrare, faltem pramiffâ publicâ, vel fecretâ proteftatione, fe non religiofo, fed civili tantùm ac politico cultu erga defunctos progenitores hæc omnia praftare, nec ab eis quidquam petere aut fperare.

Sextò. Quæritur an liceat, feu permitti poffit Chriftianis eafdem omnes oblationes refpectivè in locis fupradictis, vel faltem domi ac in defunctorum fepulchris, feorfim, vel etiam cum Gentilibus offerre, aliofque ritus ac cæremonias peragere, fublatis omninò fuperftitiofis, vel fuperftitionis fpeciem præ se ferentibus ; hoc est ea tantummodò offerendo, quæ juxta regni morem vivis offerri solent, & cum cæremoniis ac ritibus erga vivos fieri vel adhiberi solitis. Et an hoc saltem liceat, præmissâ seu adhibitâ supradictâ protestatióne.

Ratio est, quia nisi hæc saltem Sinensibus Christianis permittantur, valdè timendum est, ne qui Christiani jam sunt Christianam religionem penitùs abjiciant, & qui nondum illam suscepêre, in posterum nullatenùs amplexentur ; immò in Christianos tanquàm in patriorum rituum, erga defunctos progenitores, desertores ac destructores insurgant, eosque ac Missionarios omnes minis ac per-

ou qui auroit quelque apparence de superstition, c'est-à-dire, offrant seulement les choses qu'on offre ordinairement aux vivans selon la coûtume du Royaume, & avec les ceremonies & les rits qu'on est en usage de faire ou d'employer à l'égard des vivans. Et si cela est au moins permis aprés la protestation dout on vient de parler.

La raison est, parce que si on ne permet au moins ces choses aux Chrétiens Chinois, il est fort à craindre que ceux qui sont déja Chrétiens ne renoncent tout-à-fait à la Religion Chrétienne, & que ceux qui ne l'ont point encore reçûë ne soyent entierement dégoutez de l'embrasser à l'avenir ; que même ils ne s'élevent contre les Chrétiens comme contre des gens qui abandonnent & qui détruisent les ceremonies établies dans le païs pour honorer les Anceſtres défunts ; qu'ils ne les ménacent, & ne les perſecutent eux & les Miſſionnaires, & qu'ils ne les chaſſent tout-à-fait du Royaume.

C'eſt ainſi que le témoigne, quant au fait, le Pere Jean François de Nicolais Aleoniſſa, Vicaire Apoſtolique de *Hu quang*, élû Evêque de Berite, qui a les Rituels ou les Textes qu'on a citez, & qui les a montrez & interpretez.

Ita quoad factum pertinet, teſtatur P. Joannes Franciſcus de Nicolais à Leoniſſa Vicarius Apoſtolicus Hu quang, electus Epiſcopus Beritenſis, apud quem ſunt ritualia, aut textus allegati, quique ea exhibuit, & interpretatus eſt.

Sur le V. Article.

On demande ſi on peut permettre aux Chrétiens de retenir dans leurs maiſons particulieres ces Tableaux des Anceſtres avec l'inſcription *Xin Chu, Xin Goei, Ling Goei*, c'eſt-à-dire, *Le trône ou le ſiege de l'eſprit ou de l'ame de N. défunt.*

Et ſi on répond que non.

Quæritur primò, an Chriſtianis permitti poſſit dictas tabellas progenitorum in privatis domibus retinere cum inſcriptione Xin Chù, Xin Goei, Ling Goei, id eſt thronus ſeu ſedes ſpiritus ſeu anima N. defuncti.

Et quatenus negativè.

2. On demande ſi au moins cela ne ſe pour-

Secundò. Quæritur, an ſaltem abra-

sâ eâ inscriptione, solummodò defuncti nomine inscripto, aut ad summum superadditâ literâ Goei, sedes seu thronus.

Et quatenus negativè.

Tertiò. Quæritur, an saltem cum declaratione quâ declaretur quæ sit Christianorum de defunctis fides, & qualis filiorum ac nepôtum in progenitores pietas esse debeat.

Hîc quæritur quid decernendum sit circa tertium articulum suprà omissum, tenoris sequentis videlicet; Quæsita super capitibus inter hujusce Missionis operarios controversis, Summo Pontifici Alexandro VII. proposita, multis in rebus non esse veridica declaramus: ac proinde Missionarios responsis ab Apostolica Sede, rectè qui-

roit pas aprés qu'on auroit effacé cette inscription, & n'écrivant que le nom du défunt, ou tout au plus la lettre *Goei* qui signifie *le siege* ou *le trône*. Et si on répond que non.

3. On demande si au moins on le peut faire moyennant une declaration par laquelle on explique quelle est la foy des Chrétiens touchant les Morts,& quelle doit être la pieté des enfans & des descendans envers leurs Anceftres.

On demande icy ce qu'on doit déterminer touchant le III. Article qu'on a omis cy-dessus, & dont voicy la teneur : Nous declarons que l'exposition qui a esté faite autrefois au Pape Alexandre VII. sur les points controversez entre les Ouvriers de cette Mission, ne dit pas la verité en plusieurs choses, & qu'ainsi les Missionnaires, pour permettre le culte qui est en usage dans la Chine à l'égard de Confucius & des Morts, ne peuvent pas se prévaloir des réponses que le Saint-Siege a faites, quoiquelles ayent esté renduës trés-sagement, & conformément aux circonstances exprimées dans les doutes proposez.

dem & sapienter, & juxta circumstantias in dubiis expressas datis inniti non posse, ad usitatum apud Sinas Confucii & progenitorum cultum permittendum.

Sur le VI. Article.

On demande ce qu'il faut déterminer sur le VI. Article du même Edit de M. Maigrot, dont voicy la teneur :

Ayant remarqué qu'on publie de vive voix & par écrit de certaines choses qui induisent les simples en erreur, & qui leur ouvrent le chemin à la Superstition, comme par exemple : Que la Philosophie des Chinois, si on l'entend bien, n'a rien de contraire à la Loy Chrétienne ; que par l'expression *Tay-Kié* les plus sages des Anciens ont voulu définir Dieu, Cause premiere de toutes choses.

Quæritur quid decernendum sit super 6. articulo præfati Edicti Domini Maigrot tenoris sequentis.

Cùm nonnulla seu verbo, seu scripto evulgari animadvertimus, quæ incautos in errorem inducunt, & viam ad superstitionem patefaciunt, v. g. Philosophiam, quam Sinæ profitentur, si benè intelligatur, nihil habere legi Christiana contrarium ; nomine Tai-kie sapientissimos Priscos Deum Causam primam rerum omnium definire voluisse.

Cultum quem Confucius spiritibus adhibuit, civilem potiusquàm religiosum fuisse.

Que le culte que Confucius a rendu aux esprits a esté plûtost un culte politique que religieux.

Librum quem Sina Je King appellant, summam esse optima doctrinæ physica, & moralis.

Que le Livre que les Chinois appellent *Je-King*, est un abregé ou une Somme d'une excellente doctrine sur la Physique & sur la Morale.

Hæc & similia uti falsò, temerè, & scandalosè dicta scriptáve districtè inhibemus, ne in toto vicariatu nostro disseminentur.

Toutes lesquelles propósitions & autres semblables nous défendons de publier dans nôtre Vicariat, comme étant fausses, temeraires & scandaleuses.

Sur le VII. Article.

Quæritur, an sit approbandum quod D. Maigrot disponit in 7. articulo tenoris sequentis.

On demande s'il faut approuver ce que M. Maigrot regle dans le 7. Article dont voicy la teneur :

Caveant Missionarii ne qui Christiani Sinicos libros in scholis legunt, Atheismum & diversas superstitiones, quibus illi libri tam in textu, quàm in

Nous recommandons aux Missionnaires de prendre bien garde qu'aucun des Maistres Chrétiens qui lisent & expliquent les Livres Chinois dans les Ecoles, n'inspirent à ceux qûi vont les écouter l'Atheïfme & les diverfes Superftitions dont ces Livres, tant dans le Texte que dans leurs Commentaires, font remplis, & de les avertir de refuter les erreurs à mefure qu'ils en rencontreront; prenant de là occafion d'enfeigner avec foin à leurs difciples ce que la Religion Chrétienne nous apprend de Dieu, de la creation & du gouvernement du monde; comme auffi de les faire fouvent reffouvenir de ne rien mêler dans leurs écrits, ainfi qu'il arrive aifément, de ce qui eft tiré des principes de l'Ecole des Lettrez, qui foit contraire à la Loy Chrétienne.

commentariis fcatent, in auditorum animos infundant; fed illos Miffionarii admoneant, ut obvios errores refutent, & eorum occafionem, quæ de Deo, de mundi creatione & gubernatione Chriftiana Religio tradit, difcipulos diligenter edoceant; atque eofdem Chriftianos Miffionarii frequenter commonefaciant, ne, quod facilè contingit, fuis in fcriptionibus aliquid è Schola Literaria principiis legi Chriftianæ contrarium admifceant.

IN MANDATUM

IN controversiis, quæ jam ab annis pluribus, apud Christianæ Religionis ad exteras gentes, SINAS maximè, propagatores, ortæ sunt; præcipuè occasione cultûs, qui ibi vulgo CONFUCIO *& mortuis exhibetur,* (a) *inter licet & non licet, ut* Optati *verbis utamur,* nutant & remigant animæ populorum ; *idque recèns initiatis summo esse offendiculo, & fidei incremento* plurimum obesse dubitari nequit.

DANS les contestations, qui se font élevées il y a déja plusieurs années, entre ceux qui travaillent à la propagation de la Religion Chrétienne , parmi les nations étrangeres, surtout à la Chine , principalement à l'occasion du culte qui s'y rend à CONFUCIUS & aux morts , les sentimens differens, dont l'un permet cet usage & l'autre le défend ; partagent les consciences des peuples, &, pour nous servir des paroles d'Optat, (a) *les tiennent comme flottantes* & en suspens dans cette contrarieté d'o -

(a) Optat. Mil. l. 5.

(a) *Opt. Mil. l. 5.*

A

pinions ; & on ne peut douter que cette divi-
fion ne foit d'un tres grand fcandale aux nouveaux initiés, & ne mette beaucoup d'obfta-
cle au progrés de la foy.

Pour pourvoir à ce danger, le Rme. M. Mai-grot, Docteur de Sor-bonne, Vicaire Apofto-lique de FOKIEN, pre-fentement Evêque de CONON, fit en 1693. un Mandement contenant fur cela quelques or-donnances, qu'il en-joignoit d'obferver dans toute l'étenduë de fa Jurifdiction, *jufqu'à ce que le Siege Apoftolique en eût autrement or-donné.*

Huic ut difcri-mini pro fuo officio fuifque viribus pro-fpiceret Reverendif-fimus Dominus CA-ROLUS MAIGROT, *Doctor Sorbonicus, Vicarius Apoftolicus* FOKIENSIS , *nunc* CONONENSIS *Epif-copus , anno* 1693. *Mandatum edidit , quo quædam in fua ditione fervari fan-xit,* donec aliter ab Apoftolica Sede fue-rit decretum.

Dans le nombre de ceux, qui font d'office employés dans cette Province là au minifte-re de l'Evangile, beau-coup obéïrent au Man-dement ; mais les autres y refifterent. Dans ce combat de fentimens, le different a été porté au Siege Apoftolique, & pour le démêler plus nettement, on a drefsé diverfes queftions fur

Eorum in nume-ro , qui ex officio in illa Provincia fa-cra faciunt , non pauci quidem Man-dato obtemperarunt; verùm alii renue-runt. Quo in diffi-dio lis ad Sedis A-poftolicæ judicium miffa ; atque ut e-nucleatius dirima-tur , inftituta funt quæfita varia in

septem capita ex quibus Mandatum constat, & jam de illis privatim consulimur, ut, quid de singulis sentiendum nobis videatur, aperiamus.

Cumque Theologos Parisienses sui ex Magisterii, authoritate Apostolica instituti, ratione, (b) paratos semper esse deceat ad satisfactionem omni poscenti, Nos, postquàm scripta hinc inde edita, quæ nostram ad notitiam venire potuerunt, accuratè perlegimus, hæc quæsitis illis, (rebus & factis, de quibus ibi sermo est, positis ut in illorum tenore, & in ratione seu definiendi seu dubitandi cuique adjuncta, sese habere referuntur,) Responsa damus, quibus & apertam summa nostra in Sedem Apo-

(b) 1. Pet. 3. 15.

les sept articles dont le Mandement est composé, c'est sur cela que nous sommes consultez comme Docteurs particuliers pour declarer ce que nous en pensons.

Et comme il convient aux Theologiens de Paris par l'institution de leurs degrez de Docteur, qu'ils tiennent de l'authorité Apostolique, d'être (b) *toûjours prêts pour répondre à tous ceux qui les consultent,* aprés avoir leu exactement tous les écrits faits de part & d'autre sur cette matiere, qui ont pû venir à nôtre connoissance, Nous répondons à ces questions, en supposant les faits dont il y est parlé, tels qu'ils sont rapportez dans le contenu des questions mêmes, & dans les raisons, soit de décider, soit de douter, ajoûtées à chaque question. Mais avant que d'en venir à nos réponses, nous

(b) 1. Epist. de S. Pierre. 3. 15.

croyons devoir mettre icy une proteſtation ſolemnelle dè nôtre profond reſpect pour le Siege Apoſtolique, comme les deux partis y ont eu recours, attendant nous-mêmes ſur cela la deciſion du Pape, au jugement de qui nous ſoûmettons en eſprit d'une parfaite obéïſſance, ces réponſes que nous ne donnons que comme particuliers.

Sur le I. Article
DU MANDEMENT.

Pour la premiere Question.

TOus ceux qui ſçavent le Chinois étant d'accord *qu'entre les noms dont on ſe ſert dans l'Europe pour marquer la Divinité, il n'y en a aucun, qui puiſſe s'écrire en caractéres de cette Langue, de maniere que Dieu y ſoit exprimé, il les faut tous éloigner, quand on deſigne Dieu à la Chine,

* *Voyez les Queſtions.*

ſtolicam, ad quam amba partes ſeſe receperunt, reverentiæ teſtificationem præmiſſam volumus, cum ipſi Pontificium oraculum expectemus, cujus & judicio noſtram hancce privatam ſententiam animo obſequentiſſimo ſubjicimus.

In primum
MANDATI CAP.

Ad primum Quæsitum.

CUm inter omnes lingua Sinenſis peritos conveniat, *nominum, quibus Deus in Europa ſignificatur, nullum poſſe Sinicis characteribus ita ſcribi, ut eo ipſe exprimatur, illa omnia, ubi apud Sinas Deus eſt appellandus, è medio tollenda, ut vo-

* *Vide Quæſita.*

sibus ea in Regione familiaribus appelletur.

AD SECUNDUM.
Cùm verisimillimū videatur, (*) quantum ex scriptis, hoc in argumentum editis, licet conjicere, apud Sinenses litteratos, (qua secta est illo in imperio præcipua,) vulgo jam, saltem ab annis quingentis, ex quo illi nullum planè agnoscunt divinum numen, vocibus his, TIEN & XANGTI, *Cælum intelligi corporeum, vel, ad summum, virtutem ipsi insitam, quam rerum omnium causam fingant, ea sunt à Christianis Sinensibus, ubi Deus fuerit exprimendus, penitus repellenda.*

AD TERTIUM ET QUARTUM.
(*)*Cùm in id semper omnes Christiani cul-*

&s'en tenir, pour l'exprimer, à des termes qui soient en usage dans cette Nation.

POUR LA SECONDE.
Paroissant tres vraisemblable, (*) autant qu'on le peut conjecturer des écrits publiez sur cette matiere, qu'à la Chine les Lettrés, qui font la Secte principale de ce Royaume, communément, (du moins depuis 500. ans, qu'ils ne reconnoissent plus de Divinité,) entendent par ces deux mots TIEN & XANGTI, *le* CIEL MATERIEL, ou, tout au plus, une vertu, qu'ils y supposent, & qu'ils imaginent être la cause de toutes choses, les Chrétiens de la Chine doivent rejetter ces mots, quand il s'agit d'exprimer Dieu.

POUR LA TROISIE'ME ET LA QUATRIE'ME.
Tous les Missionnaires de la Chine (*) étant

(*) Vide Quæsita.
(*) Vide Quæsita.

(*) *Voyez les Questions.*
(*) *Voyez les Questions.*

A iij

toûjours convenus en-tr'eux d'appeller Dieu du nom de TIEN CHU, qui veut dire en François LE SEIGNEUR DU CIEL, il faut s'en tenir à cet usage ancien & unanimement approuvé, & on ne doit pas se figurer que ces peuples étrangers entendent *par, TIEN & XANGTI, le Dieu que les Chrétiens adorent, puisque ces noms ne peuvent être que faux par rapport à Dieu, & qu'ils sont fort éloignez de renfermer l'idée qui exprime vraiement la Divinité, comme on vient de le remarquer.

SUR LE II. ARTICLE
DU MANDEMENT.

POUR LES DEUX QUESTIONS QUI Y SONT PROPOSE'ES.

COmme, selon qu'il est évident par ce qui vient d'être dit, les Chinois entendent communément par le mot, TIEN, LE CIEL créé, & non pas le Dieu du Ciel,

* Voyez les Questions.

tûs apud Sinas administri consenserint, ut nomine, TIEN-CHU, CŒLI DOMINUS, Deus appelletur, huic antiquo & unanimiter probato usui standum; nec fingendum spuriis illis nominibus mox adductis, *TIEN & XANGTI, Deum quem Christiani colunt, ab exteris illis populis intelligi, quippe quæ sint à germano conceptu Deum ipsum referente, ut mox animadversum est, procul aliena.

IN SECUNDUM
MANDATI CAP.

AD UTRUMQUE IN EO QUÆSITUM.

CUm, ut ex dictis patet, vocabulo, TIEN, vulgo Sinenses cælum ipsum creatum significent, non Deum cœli, (quemadmodü non-

* Vide Quæsita.

nunquam metapho-
rico loquendi more,
quo continens con-
tenti loco ponitur,
sacra Scriptura no-
men hoc accipit, 1.
Mac. 12. 15. *habui-*
mus enim de cœlo
auxilium, & alibi,)
nullo pacto permitti
potest, ut in Chri-
stianorum templis ap-
pendatur tabella in-
scripta, XING TIEN,
CÆLUM COLITO.
Hoc nimirum idolo-
latriam præ se ferret,
videreturque ad cœ-
li, quasi numinis,
cultum provocare;
neque huic incom-
modo avocando ul-
la contestatio seu in-
terpretatio, etiam
palam edita, provi-
deret, ubi, quæque
tandem excogitare-
tur, inanis planè
esset, nec offendicu-
lum, tabellâ semel
appensâ datum, ul-
latenus submoveret.

(ainsi que l'Ecriture sainte prend quelque-fois le nom du Ciel par une maniere de parler metaphorique, qui met ce qui contient à la place de ce qui est contenu, dont nous avons des exemples dans ces paroles du premier des Macabées c. 12.. 15. *car c'est du ciel qu'il nous est venu du secours,* & ailleurs) on ne peut nullement permettre, d'exposer dans les Temples des Chrétiens un Tableau, ou un Cartouche, qui porte cette inscription, XING TIEN, ADOREZ LE CIEL, parce que cela porteroit le caractere de l'idolatrie, & sembleroit exciter à regarder le Ciel comme une Divinité, & à luy rendre le culte qui n'est dû qu'à Dieu; & il n'y auroit nulle protestation ni declaration contraire, si publiquement qu'elle se fist, qui pût remedier à cet inconvenient; quelque précaution qu'on imaginât pour l'empêcher, elle seroit absolument inutile, & ne leveroit

8

point du -tout le scandale, que donneroit ce cartouche exposé dans un Temple.

SUR LE III. ARTICLE
DU MANDEMENT.

Comme dans les QUESTIONS dressées sur le Mandement, on remet celle qui regarde ce troisiéme article, & qu'on ne la propose qu'à la fin du cinquiéme, on y doit aussi renvoyer la réponse.

SUR LE IV. ARTICLE
DU MANDEMENT.

POUR LES SIX QUESTIONS QUI Y SONT PROPOSE'ES.

Comme il y a beaucoup*de Cérémonies qui tiennent de l'idolatrie, & plus encore, qui sont superstitieuses, parmi celles que pratiquent les Chinois, soit plus, ou moins solemnellement, dans le culte qu'ils rendent à CONFUCIUS, ou à leurs parens morts, tant avant qu'ils leur donnent la sepulture, qu'aprés avoir rendu ce devoir à leur mémoire,

* *Voyez les Questions.*

IN TERTIUM
MANDATI CAP.

Cùm Quæsitum hoc in capite ad quinti calcem mittatur, ibi proponendum, eò quoque & mittendum responsum.

IN QUARTUM
MANDATI CAP.

AD QUÆSITA SEX IN EO PROPOSITA.

*Cùm in ritibus omnibus, *seu magis, seu minus solemnibus, quibus & Confucium Sina colunt, & suos progenitores vivis sublatos, tum priusquam eos sepulturâ donent, tum post id officii eorum memoriæ præstitum, ubicunque tandem hunc in mortuos cultum ipsi exequantur, aut publicè in*

* *Vide Quæsita.*

templis , aut domi privatim, coram tabellis parentum nomine inscriptis, multa sint quæ idololatriam sapiant , & superstitiosa plurima , Christiano nulli condonandum apud Sinas , sua ut gentis more , vel Confucium, *vel Atavos , & parentes mortuos , quomodocunque colat , aut , eo animo , ejusmodi spectaculis , ubi ii colantur, intersit cum hominibus à fide nostrâ alienis , quippè quos sic ea in occasione comitari nemo potest , quin* (c) *jugum ducat cum infidelibus, qui* (d) *dæmoniis immolant , & non Deo,* (e) *mensæque Domini , particeps esse velit simul & mensæ dæmoniorū , atque ita* (f) *men-*

en quelque lieu que se fassent ces Cérémonies pour honorer les morts, ou publiquement dans les Temples, ou en particulier & dans les maisons devant quelques Tableaux, où soit écrit le nom des parens à qui ils rendent ces honneurs ; on ne doit point permettre, qu'aucun Chrétien de la Chine rende ce culte , de quelque maniere que ce soit selon l'usage de la nation, soit à Confucius , soit à ses Ancêtres ou à ses Parens , ny qu'il se trouve pour cela à ces Cérémonies avec des payens, personne ne pouvant ainsi se joindre à eux en cette occasion, qu'il ne (c) *s'attache à un même joug avec les infideles,* qui (d) *immolent au demon & non pas à Dieu ,* & qu'il ne veuille(e)*participer tout ensemble à la Table du Seigneur , & à la Table*

(c) 2. Cor. 6. 14.
(d) 1. Cor. 10. 20.
(e) Ibid. 21.
(f) Malach. 1. 12.

[c] 2. Cor. 6. 14.
(d) 1. Cor. 10. 20.
(e) Ibid. 21.

des demons, en quoy (f) *il deshonore la Table du Seigneur.*

Et ce seroit se flatter faussement, que de se croire en cela quelque chose de permis, à la faveur de la précaution qu'on prendroit, de declarer en même temps, soit en secret, soit publiquement, qu'on n'a pas intention, en ce qu'on fait en cette rencontre, de rendre un culte Religieux, mais purement civil ; comme si une telle protestation, faite au moment même qu'on la dementiroit par une action qui luy seroit toute contraire, n'étoit pas tout à fait illusoire, & qu'elle n'allast pas à *se mocquer de Dieu,* dont on ne se (g) *mocque point* impunément. Car les Chinois n'honorent point autrement Confucius, que les Grecs & les Romains honoroient autrefois leurs faux Dieux, & ils ont la même Religion pour leurs An-

sam Domini conta- minet.

Sibique falsò adu- laretur, qui existi- mare vellet, hac, aut eorum nonnihil, sibi permitti, modò, vel se- cretò, vel publicè pro- fiteatur, se eo tum es- se animo, ut civilem duntaxat cultum, non religiosum, agat ; perinde ac si ejusmo- di declaratio facino- ri adversa, & tum cùm illud patrare- tur emissa ; Deo ip- si non illuderet, qui impunè (g) non ir- ridetur. Ita quippè Sinæ Confucium colunt, quemadmo- dum & olim, seu Græci seu Romani, fictitia sua numina coluerunt, & in ea religione suos habent atavos ac parentes mortuos, in qua il- li veteres idolola- træ Deos Manes & Penates habuere. Et quidem Confucio apertè sacra faciunt,

[f] *Malach.* 1. 12.
(g) *aux Gal.* 6. 7.

(g) *Galat.* 6. 7.

*feu cùm ad utrum-
que æquinoctium fo-
lemnia ejus majora
celebrant , feu cùm
aliàs cultu eum mi-
nùs folemni profe-
quuntur. Mortuis
quoque facrificium
offerunt , ad quod
facrifici & alii mi-
niftri diebus antè
aliquot fefe compa-
rant, quibus ex le-
gis præfcripto jejuni
agunt,& à conjugii
ufu abftinent; Por-
cum , capram , aut
alia animalia offe-
renda , ipfo facrificii
habendi pervigilio
probant , infufo in
illorum aures , vino,
probata CONFUCIO
mortuifque parenti-
bus offerunt, Vinum
quoque, victimæ ma-
ctata carnem, fingu-
lari priùs ratione
confecratam , ejus
pilos, aliaque id ge-
nus; Vbi & varias
preces adhibent;quid
hîc ad facrificium
defit , ubi templum,
in quo facra haben-*

ceftres & pour leurs pa-
rens , que ces anciens
idolatres ont eue pour
les Dieux Manes & pour
les Dieux Pénates. Ils
facrifient ouvertement
à CONFUCIUS, foit dans
les Cérémonies les plus
folemnelles, qui fe font
aux deux Equinoxes ,
foit dans les autres
moins folemnelles. Ils
offrent auffi un facrifi-
ce aux morts, à quoy
les Sacrificateurs & les
autres Miniftres du fa-
crifice fe preparent
quelques jours aupara-
vant , la loy leur or-
donnant de jeûner ces
jours-là, & de s'abftenir
de l'ufage du mariage.
La veille du facrifice ils
éprouvent un porc, une
chévre ou d'autres ani-
maux qu'ils ont à y of-
frir , leur verfant pour
cette épreuve du vin
dans les oreilles. Aprés
les avoir ainfi éprouvés,
ils les offrent à CON-
FUCIUS , & à leurs pa-
rens morts, ils leur of-
frent auffi du vin, de la
chair de la victime im-

molée, l'ayant auparavant consacrée d'une maniere particuliere, ses poils, & autres choses de cette qualité, & ils font dans toutes ces Cérémonies diverses prieres. Que manque t'il à ces Cérémonies, pour un sacrifice? elles se font dans un Temple, on y offre une victime, dont on répand le sang, on y offre du vin, on y brûle une monnoye de papier, que le commun du peuple regarde comme devant être changée en argent, & tourner au benefice des morts; on a coûtume d'y faire differentes prieres, les unes établies, soit pour appeller les ames de CONFUCIUS, & des parens morts, & les faire descendre au sacrifice; soit pour les y recevoir avec de grandes demonstrations de respect & de veneration, & pour les reconduire, & comme leur dire adieu, lorsqu'elles se retirent, aprés que la Cérémo-

tur, victima oblatio, effusio sanguinis, vini libatio, combustio monetæ papiracea, quam in argentum verti, & postea in mortuorum commodum cedere sibi plebs fingat, preces aliæ fundi solita, tum ad CONFUCII, *& parentum mortuorum mentes accersendas, tum ad eas perhonorificè excipiendas, iisque tandem, cum recedunt peracto ritu, quasi vale dicendum instituta, alia ad efflagitanda ab iis beneficia, quæ & populi sperent sese illorum interventu, sua in Religionis mercedem accepturos, & sacrifici ipsi, seu ritibus præfecti, accessura fidenter augurentur ac certò asseverent? Hæc nemo non perspicit prorsus esse sacrilega, à quibus proinde summè cavendum sit, quidquid*

quidquid tandem damni posset inde sequi, ipsique etiam Christiani cultûs, apud Sinas in dies crescentis, propagationi, (quod Deus avertat,) obfuturum timeretur.

nic est tout à fait achevée; d'autres dressées pour leur demander des graces, que nou seulement les peuples esperent recevoir par leur intervention, en recompense de leur pieté, mais que même les Sacrificateurs, & les Maîtres des Cérémonies promettent aux peuples, & leur font attendre avec seureté. Il n'y a personne qui ne voie clairement, que toutes ces Cérémonies vont au Sacrilege, & qu'il les faut pour cela souverainement éviter, quelque mal qu'il pût resulter de cette conduite, & quelque danger qu'il y eust, que, par un malheur que nous prions Dieu de détourner, ce ne fust un obstacle à la propagation de la Religion Chrétienne à la Chine, où elle se répand tous les jours de plus en plus.

IN QUINTUM MANDATI CAP.

AD PRIMUM QUÆSITUM.

Cum (H) nefas sit ulli de sua Religione mentiri, fidesque Christiana ab eo figmento procul absit, quo vulgo volunt Sinæ mortuorum mentes ta-

SUR LE V. ARTICLE DU MANDEMENT.

POUR LA PREMIERE QUESTION.

COmme (H) c'est un tres grand crime de mentir en fait de Religion, & que la foi Chrétienne est fort éloignée de cette idée chimerique, que se forment les Chinois, quand ils veulent

[H] Tertul. Apol. c. 21.

[H] Tertull. apolog. cb. 21.

B

que les ames des morts defcendent dans les tableaux remplis de leurs noms, & y demeurent quelque temps; Il ne peut être permis à perfonne, d'avoir chez luy ces fortes de Tableaux, qui portent pour infcription, XIN CHU, XIN GOEI, LING GOEI, c'eft à dire le *Throne* ou le *Siege de l'ame de N. mort.*

POUR LA SECONDE ET LA TROISIE'ME QUESTION.

Comme il faut (*1*) *s'abftenir non feulement du mal, mais encore de tout ce qui en porte l'apparence*, & que ce mot, GOEI, le THRONE, ou le SIEGE, quand il demeureroit feul dans le Tableau, & que les autres en feroient ôtez, fuffiroit, pour remettre à l'efprit l'idée de l'infcription, & pourroit l'y rappeller toute entiere, comme reduite en une parole, dans la-

[*1*] 1. *aux Theffal.* 5. 22.

bellis horum nomine infcriptis illabi, & illis aliquandiu infidere, nemini licet tabellas ejufmodi apud fe habere fic infcriptas, XIN CHU, XIN GOEI, LING GOEI, id eft *Thronus* feu *Sedes fpiritûs* feu ANIMÆ N. DÉFUNCTI.

AD QUÆSITUM ALTERUM ET AD TERTIUM.

Cùm (*1*) ab omni fpecie mala fit abftinendum & *vox hæc*, GOEI, SEDES, *feu* THRONUS, *etiamfi fola fervaretur abrafis aliis, totam ipfam infcriptionem in memoriam revocaret, illámque integram referret, quafi contractam, & unum in vocabulum coactam, in quo vel uno fuperftite, alia quantum-*

[*1*] 1. *Theffal.* 5. 22.

vis *suppressa , ta-*
cité subaudienda in-
telligerentur, ne per-
mittendum quidem
censemus Christianis
Sinensibus , ut huic
in tabula voci par-
cant , eaque nobis
videtur cum aliis
mox relatis delenda,
uno in tabella salvo
nomine mortui , mo-
dò tamen ex illo
servato (K) nemini
danda ulla offensio
timeatur; *alioquin,*
si qua probabiliter
metueretur , hac ei
cautione occurren-
dum existimamus ;
quam etiam abso-
lutè , & in qualibet
hypothesi , expedire
nemo ambigat , ut
nimirum (quemad-
modum fert ipsum
Reverendissimi Vica-
rii Apostolici manda-
*tum) ** in loco ubi
tabellæ privatis in
domibus erigi so-
lent , scripta ma-

[K] 2. Cor. 6. 3.
* Verba sunt Man-
dati.

quelle les autres quoi-
que supprimées, seroient
regardées comme ta-
citement sous - enten-
duës, Nous ne croyons
pas , qu'on doive per-
mettre aux Chrétiens
Chinois, de sauver dans
le Tableau ce mot Goei;
Il nous paroît au con-
traire, qu'il en doit étre
ôté avec les autres, que
nous venons de mar-
quer, sans y rien retenir
que le nom du mort ;
Et même Nous ne te-
nons cette reserve per-
mise, que supposé, qu'il
n'y ait (K) *nul scandale
à en craindre pour per-
sonne ;* Autrement, si on
en craignoit , il y fau-
droit obvier par une
précaution , que per-
sonne ne peut douter,
qui ne fût convenable
absolument, & en quel-
que situation que les
choses pussent être ; &
ce seroit (comme le
porte même le Mande-
ment du Reverendissime

[K] S. Paul. 2. aux
Cor. 6. 3.

B ij

Vicaire Apostolique,)
*que dans l'endroit de la
maison particuliere, où
on met ces Tableaux,
on mist aussi en même
temps une declaration
écrite en gros caracte-
res, où il seroit marqué,
quelle est la foy des
Chrétiens sur les morts,
& quelle doit être la
pieté des enfans envers
leurs peres & leurs An-
cêtres.

Et des réponses que
nous avons jusques icy
données, il est aisé de
conclure celle, que nous
avons à donner à la
QUESTION du 3. article,
dont la resolution a
été renvoiée à celui-cy.
Car comme les ques-
tions proposées à Ale-
xandre VII. sont défec-
tueuses, qu'on y passe
sous silence beaucoup
de choses, qu'on y au-
roit dû expliquer, pour
faire connoître au S.
Siege, de quoi il s'y
agissoit, & que le Re-
verendissime ALEONIS-
SA élu Evêque de BE-
RITE & Vic. Apostoli-

* Paroles du Mandement.

joribus characteri-
bus declaratio ap-
ponatur, in quâ,
& quæ sit Christia-
norum de defunctis
fides, & qualis fi-
liorum ac nepotum
in progenitores pie-
tas esse debeat, e-
nuntietur.

Ex responsis verò
hactenus datis, il-
lud facilè colligi-
mus, quod demus
QUÆSITO capitis
tertii, hùc misso, ut
proponeretur.

Cùm enim in
quæsitis Alexandro
VII. propositis per-
multa desiderentur,
quædam ibi silen-
tio prætermittantur,
quæ ad rem, de qua
agebatur, Sedi A-
postolica patefacien-
dam fuissent expli-
canda, nonnihil-
que etiam eorum,
quæ ibidem narran-

tur, (L) verum esse diserté neget Reverendissimus ALEONISSA Electus Episcopus Beritensis, & Vicarius Apostolicus, Vir æquissimus, testisque omni exceptione major, Tertio Mandati capite meritò edicitur iis* quæ rectè quidem & sapienter, ac juxta circumstantias in dubiisexpositas, sanxit hic Pontifex anno 1656. inniti posse neminem, ad usitatum apud Sinas CONFUCII & progenitorum cultum permittendum.

que, témoin tres équitable & au dessus de tout reproche, dit expressément, (L) qu'en ce qui est avancé dans ces questions, pour y exposer les faits, qui en font le sujet, il y a quelque chose *qui n'est pas vray*, c'est avec raison que le Mandement declare au 3e. article, * *que personne ne peut justement prétendre, que la décision que ce Pape en 1656. a si bien & si judicieusement prononcée, suivant les circonstances marquées dans les doutes, qui lui avoient été proposez, authorise le culte de* CONFUCIUS *& des Parents, qui est en usage à la Chine.*

(L) *Hoc quod verum esse negat Reverendiss.* ALEONISSA, *his verbis exprimitur in quæsitis Alex. 7. propositis, Si-næ nullam divinitatem animabus defunctorum concedunt, nihil ab illis sperant aut petunt: legi potest hujus Præsulis Responsum ad Eminentissimum Cardinalem Casanatæ, quod jam est juris publici num.* 26.

(L) Ce que le Reverendissime Aleonissa dit, qui n'est pas vrai dans les questions proposées à Alex. 7. y est exprimé en ces termes, *les Chinois ne reconnoissent dans les morts nulle Divinité : ils n'esperent rien d'eux, ils ne leur demandent rien.* C'est de ces paroles que ce Prelat dit, *questo non è verò,* dans sa Réponse à l'Emin. *Cardinal Casanatæ,* qui est presentement publique, nombre 26.

* Verba sunt Mandati.

* *Paroles du Mandement.*

B iij

SUR LE VI. ARTICLE DU MANDEMENT.

POUR LA PREMIERE PROPOSITION DES QUATRE, QUI SONT RAPPORTE'ES DANS CET ARTICLE, COMME QUELQUES EXEMPLES DE CE QUI S'EST QUELQUEFOIS AVANCE' A LA CHINE, MESME PAR E'CRIT, ET QUE LE MANDEMENT CONDAMNE, COMME FAUSSEMENT, TEMERAIREMENT, ET SCANDALEUSEMENT AVANCE', AVEC DE'FENSES DE RIEN DIRE OU E'CRIRE DE SEMBLABLE A L'AVENIR.

Comme le Reverendissime (M) Aleonissa, que nous avons déja cité, declare ouvertement, que cette premiere proposition, qui afsûreroit, que *la Philosophie Chinoise, bien entenduë, n'a rien de contraire à la Loy Chrétienne*, n'est pas vraie, [*Non e vero;*] Et que, tant par quelques Livres de Philosophie, que des Chinois

(M) Voyez le même écrit du RR. Aleonissa n. 92.

IN SEXTUM MANDATI CAP.

AD PRIMUM EX DICTIS QUATUOR, QUÆ HOC CAPITE, IN EXEMPLUM QUORUMDAM, FALSO, TEMERE, ET SCANDALOSE, SCRIPTORUM, REFERUNTUR, ET DEINCEPS PROHIBENTUR.

Cum Reverendissimus ALEONISSA *jam laudatus*, (M) *apertè profiteatur, primum illud dictum* non esse verum, *quo assereretur* Sinica Philosophia, si benè intelligatur, nihil habere legi Christianæ contrarium; *Et ex libris quibusdam Sinarum Phi-*

(M) *Vide & idem scriptum* Reverend. ALEON. *n. 92.*

losophicis, (N) quos scriptores, eo minimè nomine suspecti, quòd in illius nationis odium, quidquam ipso in textu immutent aut adulterent, Latinè verterunt, ut & etiam ex historiis, aliisq; (O) variis operibus, qua in Sinensium commendationem conscripsere non pauci, sive lingua Latina, sive Gallica, aut aliqua alia Europæa, facilè colligatur, non unum esse in Sinica Philosophia, quod, seu dogmata spectentur, seu morumdisciplina, legi Christianæ nullatenus sit consentaneum; Huic adeò luculenta authoritati non possumus non

(N) Liber inscriptus Confucius Sinarum Philosophus, sive scientia Sinensis latinè exposita.

(O) Multa sunt hoc de argumento scripta, seu latinè, seu vernaculè, alia fusè, brevius alia & compendiosè.

ont composez en leur langue, & qui ont été mis en Latin par des (N) Traducteurs qu'on ne peut soupçonner, d'y avoir en haine de la nation rien changé ou alteré dans le texte, que par des histoires, & par d'autres (O) divers ouvrages qu'ont faits, soit en Latin, soit en François, ou en quelqu'autre langue de l'Europe, beaucoup d'Auteurs en faveur des Chinois & à leur louange, on peut aisément reconnoître, que la Philosophie Chinoise n'est pas, en tout, d'accord avec la Loy Chrétienne, soit qu'on regarde le Dogme, ou la Morale; Nous ne pouvons ne nous pas rendre à tant de preuves & d'une si grande authorité.

(N) Livre intitulé Confucius Philosophe de la Chine, ou la science Chinoise exposée en Latin.

(O) Il y a beaucoup d'écrits sur cette matiere, soit en Latin, soit en langue vulgaire, les uns longs, les autres plus courts & en abregé.

Et ce seroit assez, pour nous en convaincre, (quand nous n'aurions pas pour cela d'autres raisons,)de(P)fairerefle-xion,que la Philosophie Chinoise, si pure qu'on l'imagine, n'a pas la foy pour guide, au dé-faut dequoi, elle ne peut qu'elle ne soit exposée à la (Q) seduction d'une science vaine & trom-peuse, que l'Apôtre a-vertit les Chrétiens de

assentiri. Atque ut ita sentiremus, (P) vel unum hoc ratio-nis momentum nobis esset satis, quòd Phi-losophiaSinica,quàm pura fingatur, fidem non habeat ducem, atque adeo obnoxia sit (Q) inani fal-laciæ, à quâ Chris-tianos sibi cavere vult Apostolus, ne per ipsam decipian-tur & in errores

(P) *Voila ce que dit (saint Paul) des Philosophes de la Grece, dont, quoiqu'il y en ait quelques-uns,qui, comme il va être dit, sont parvenus par le raisonnement à la connoissan-ce d'un Dieu, comme Pytha-gore, Socrate, Platon, Aristo-te, & autres, à qui on peut ajoûter Hermes appellé Tris-megiste Prêtre & Philosophe Egyptien, Seneque Philosophe & Senateur Romain contem-porain de S. Paul ; Cependant pas un d'entre eux n'a adoré Dieu, qu'il connoissoit, comme il devoit être adoré, ni publié qu'il le fallust ainsi adorer : Estius sur le ch. 1. de l'Epi-tre aux Rom. 18. à ces pa-roles : de ceux qui retiennent la verité de Dieu dans l'in-justice.*
(Q) Aux Col. 2. 8.

(P) *Hæc de Græco-rum Philosophis dicit (Apostolus) quorum,etsi quidam, ut mox dice-tur, ad unius Dei no-titiam philosophando pervenerint, ut Pytha-goras, Socrates, Plato, Aristoteles, & alii, qui-bus adde Hermetem Trismegistum Sacerdo-tem & Philosophum Æ-gyptium, Senecam Se-natorem &Philosophum Romanorum Paulo σύγχρονον ; Nemo tamen omnium, Deum cogni-tum, aut coluit, ut de-buit,aut colendum præ-dicavit. Estius in Epist. ad Rom. 1. 18. ad hac verba, eorum qui veri-tatem Dei in injustitia detinent.*
(Q. Coloss. 2. 8.

doctrina, aliundè sa-
na, admixtos incau-
ti abducantur. Ejuf-
modi fuit, ut fæpè
monent (R) Pa-
tres, Socratis, &
Platonis Philofo-
phia, quâ Sinicam,
quantumcunque ja-
Eletur, præftantio-
rem effe, noftrum
nunquam in ani-
mum inducemus. Et
quidem, Inimicorum
Dilectionem, & in
eos, qui nobis in-
juriam inferunt,
Beneficentiam lex
Chriftiana præcipit,
quam quidem agen-
di rationem (S)
CONFUCIUS ar-

craindre avec foin, leur
difant de fe mettre en
garde contre, de peur
qu'on ne l'emploie, pour
leur tendre un piege
qui les furprenne, en
mêlant des erreurs avec
une doctrine d'ailleurs
faine en elle même, &
les y faifant tomber,
s'ils ne s'en défient avec
beaucoup de circon-
fpection. Telle a été
comme (R) les Peres l'ont
fouvent remarqué, la
Philofophie de Socrate,
& de Platon; & nous ne
pourrons jamais nous
mettre dans l'efprit, que
celle des Chinois, à quelque point qu'on la van-
te, ait été fuperieure à

celle de ces illuftres Payens de la Grece. La
Loy Chrétienne commande l'amour des en-
nemis, & veut que nous faffions du bien à
ceux qui nous font injure; Et (S) CONFUCIUS

(R) Tert. Apol. cap. 39.
& 46. de anima cap. 23.
&c. S. Aug. paffim &c.
(S) Fortè quifpiam
dixit, Beneficiis com-
penfare odia & inju-
rias, De hoc, quid vide-
tur tibi? Confucius re-
fpondit, Qui fic agat,
ecqua re tandem com-

(R) Tertul. Apolog. 39, &
46. Livre de l'ame ch. 23.
&c. S. Aug. en beaucoup
d'endroits, &c.
(S) Quelqu'un dira peut-être;
Que vous femble de cette pratique, qui iroit, à rendre le bien
pour le mal, & faire des fa-
veurs en retour des injures
qu'on recevroit? CONFUCIUS

répondit; *Qui en useroit ainsi,
De quelle manicre répondroit-
il aux bienfaits ? car il faut
recompenser autrement celui
qui nous fait plaisir , qu'un
autre qui nous desoblige*, c'est
ce que dit CONFUCIUS dans
le Livre 3. *de la science Chinoise* , partie 7. pag. 105.
& 106.

*pensabit benefacta? Dis-
par enim debet esse
merces ac ratio Ejus,
qui benè meretur,& Il-
lius qui malè , &c. Di-
ctum hoc est Confucii, &
habetur scientiæ Sinicæ
lib. 3. parte 7. pag. 105.
& 106.*

ne trouve pas d'équité
dans cette conduite. La
Religion Chrétienne en-
seigne (T) qu'il ne dé-
pend pas *de la volonté
de l'homme* , de se con-
server dans la sainteté,
aprés l'avoir une fois
reçûë de Dieu , ni de la
recouvrer , s'il vient à
la perdre , mais qu'il
doit tout à *la miseri-
corde de Dieu*. C'est ce
que la Philosophie Chi-
noise ne connoît pas ,
& qu'elle n'est pas mê-
me capable de conce-
voir , elle qui dans l'i-
gnorance, où elle est du
peché d'origine,& dans
la confiance présomptueuse qu'elle a aux forces humaines, comme si elles étoient encore
toutes enticres après ce peché , (V) rapporte

*bitratur esse minus
æquam. Sanctitatis
semel accepta conser-
vationem , & amissæ
instaurationem , ait
lex Christiana , (T)
non volentis esse ho-
minis , sed Dei mi-
ferentis ; hoc nequi-
dem assequitur aut
capit Sinica Philoso-
phia , labis , quam
ab origine ducimus,
ignara , sed huma-
nis viribus , quasi
essent integra , con-
fisa , totum, quod in
homine est,bonum ad
hominem ipsum (V)
refert,non ad Deum.*

(T) aux Rom. 9. 16.
(V) *Il est au pouvoir de
l'homme de s'appliquer à recouvrer la perfection après*

(T) *Rom.* 9. 16.
(V) Ut quis operam
det recuperandæ isti
perfectioni, hoc & ori-

tur & dependet ab ip-
somet homine. *Idem
Confucius relatus scien-
tiæ Sinicæ lib. 3. parte
6. pag. 78. ubi loquitur
Confucius de recuperan-
da cordis innocentiâ
(verba ipsius sunt) &
perfectione nulli non
mortalium indita cœ-
litùs, quam & ibidem
ipse vocat primævum
temperamentum natu-
ræ rationalis, innocen-
tiam nativam & perfe-
ctionem. Quo quidem, vel
unico, in loco patet, utrum-
que fidei dogma latuisse
Confucium, & quod A-
dami culpâ Natura lap-
sa sit, & quod Gratiâ
reparatrice indigeat, ut
restituatur.*

*l'avoir perdue, & cela dé-
pend de lui-même*, c'est ce
que dit le même CONFUCIUS
dans le Livre 3. de la *science Chinoise*, partie 6. pag. 78.
où il parle de *reparer l'innocence du cœur & la perfection* (sont ses termes) *que
tous les hommes reçoivent de
Dieu en naissant*, & qu'il
appelle au même endroit *le
premier état de toute nature
raisonnable*. Cet endroit suffit tout seul pour faire connoître que Confucius igno-
roit ces deux dogmes de
Foy, & qu'Adam dans sa
chute eût tiré tous les hommes après lui, & qu'ils eussent tous besoin d'une *grace
reparatrice* pour s'en rele-
ver.

*à quo tamen est illud
totum ;* non (X)
*humiliter sentiunt
Ethnici, sed exal-
tant animam suam ;*
non (Y) *in Domi-
no gloriantur, sed
se ipsos commen-
dant ;* non (Z) *se-
met ipsos abne-*

tout ce qu'il y a de bien
en l'homme, à l'homme
même, & non pas à
Dieu, d'où cependant
vient tout ce bien; Les
Payens (X) *n'ont pas
de sentimens d'humili-
té ;* au contraire *L'or-
gueil leur éleve l'ame ;*
(Y) *ils ne se glorifient*
point dans le Seigneur, mais *ils se vantent,& se*
rendent témoignage à eux mêmes, loin de(Z) re-

(X) *Psal.* 130. 2.
(Y) 2. *Cor.* 10. 17.
(Z) *Math.* 16. 24.

(X) Ps. 130. 2.
(Y) 2. Cor. 10. 17.
(Z) Math. 16. 24.

noncer à eux - mêmes, & (aa) *d'aimer à être inconnus,* (bb) *ils aiment les premieres chaires, ils aiment à être appellez Maitres par les hommes,* Et rien n'est plus opposé à la loy Chrétienne, que cet esprit d'orgueil. CONFUCIUS a parlé de la vertu; mais ce n'a pas été autrement qu'a fait Seneque, long tems après lui. Dans l'idée qu'il a donné du Sage, Il en a fait un Homme qui (cc) se reposât en lui-même, & qui s'envelopât de sa vertu; il n'a marqué (dd) d'autre recompense ni

gant, nec (aa) amant nesciri ; sed (bb) amant primas Cathedras, & vocari ab hominibus Rabbi, *quo quidem superbiæ animo nihil magis Christianæ legi adversatur. Neque alia ratione de virtute locutus est* CONFUCIUS, *quàm diu post ipsum Seneca;* (cc) *Sapientem induxit, qui in se conquiesceret, suaque se virtute involveret;* (dd) *Aliud noluit Virtutis præmium aut finem quàm virtutem ip-*

(aa) S. Bern. sermon 3. de la nativité de N. S. nombre 2. & l'auteur de l'Imit. de J. C. l. 1. ch. 2. nomb. 3.

(bb) Math. 23. 7.

(cc) Abregé de la Philosophie Morale de Confucius en François, imprimé à Amsterdam pag. 113. max. 23. *l'homme de bien n'est occupé que de sa vertu &c.*

(dd) Autre petit ouvrage François mis à la fin de la Morale qui vient d'être citée, page 17. Proposition 16. tirée du 2. Liv. de Confucius, *on ne doit attendre aucune*

(aa) *Bernardus ferm.* 3. *de nativitate Domini num.* 2. ama nesciri; & *author libri de Imitatione Christi lib.* 1. *cap.* 2. *n.* 3. ama nesciri & pro nihilo reputari.

(bb) *Math.* 23. 7.

(cc) *Confucianæ philosophiæ de moribus compendium gallicè scriptum pag.* 113. *Effato.* 23.

(dd) *Opusculum alterum gallicum pag.* 17. *propositione* 16.

une recompense de la vertu, sinon la vertu seule, elle se soûtient d'elle-même : & se satisfait de sa propre nature, étant la fin des actions vraiment raisonnables.

sam quæ una sibi eßet satis. Hæc fuerunt Philosophi illius sensa à Christianâ lege plurimum aliena. Nec aliud inter sentiendum & agendum instituti genus sequi potuerunt, quibus (ee) notus in Judæa Deus, (qui (ff) in præteritis generationibus, ad Christi adventum, dimisit omnes gentes ingredi vias suas,) (gg) judicia sua non manifestavit, seu quibus ipse singulari luce & afflatu non adfuit, nec opem largitus est naturæ ordine superiorem. Fidem verò ille

d'autre fin de la vertu, que la vertu même; Voila les sentimens de ce Philosophe, tres-éloignez de la loy Chrétienne; & il n'a pû en avoir d'autres, ni regler sa conduite sur d'autres principes, non plus que tous ceux, à qui (ee) *Dieu connu dans la Judée,* (qui (ff) *dans les siecles passez,* jusques à l'avenement de J. C. *a laissé marcher toutes les nations dans leurs voies)* (gg) *n'a pas manifesté ses preceptes,* ne se communiquant point à eux, soit en les éclairant des lumieres qui fussent audessus de la raison humaine, soit en leur fournissant des secours surnaturels. Et il n'a pas

[ee] *Psf.* 75. 2.
In sola Judæa Deus erat cognitus. *Athan. contra Arianos lib.* 2. *ad finem.*
[ff] *Act.* 14. 15.
[gg] *Psal.* 147. 9.

(ee) Pseaume 75. 2.
Dieu n'étoit connu que dans la Judée S. Athan. 2. Livre contre les Ariens sur la fin.
(ff) aux Act. 14. 15.
(gg) Ps. 147. 9.

C

donné sa foy (hh) (*sans laquelle on ne lui peut plaire* (ii) à aucune nation entiere avant J. C. qu'à la Juive , c'est ce que, selon le témoignage de l'Ecriture sainte,

(hh) Heb. 11. 6.

(ii) *Abraham est né dans la Caldée, qui étoit du Royaume des Assyriens , & les superstitions regnoient parmi les Caldéens , comme dans les autres nations. La maison de Tharé, de laquelle est né Abraham, étoit donc la seule qui retint le culte du seul vrai Dieu ..... comme au temps du deluge d'eaux , il ne resta que la maison de Noé pour le retablissement du genre humain , de même dans le deluge des superstitions , qui inonderent tout le monde , il n'étoit demeuré que la maison de Tharé , qui renfermast dans son sein , & qui y entretinst la Cité de Dieu,* S. Aug. Liv. 16. de la cité de Dieu ch. 12. *Dieu étoit connu de toutes les nations , comme Createur de ce monde visible, qui comprend le ciel & la terre , elles le connoissoient à ce titre, avant qu'elles fussent éclairées de la foy de J. C. mais ce n'étoit qu'en Judée qu'on lui rendoit un culte legitime, par une adoration qui se rapportast à lui seul , sans y mêler le culte des faux Dieux.* Le même S. Aug. traité 106. sur saint

suam (hh) *sine qua impossibile est placere ipsi ,* (ii) *filis , ante Christum , in populorum multitudine, Judais, sacrâ ipsâ scripturâ teste,*

[hh] *Heb. 11. 6.*

[ii] In regione Chaldæorum natus est Abraham , quæ terra ad regnum pertinebat Assyriorum, apud Chaldæos autem jam etiam tunc superstitiones impiæ prævalebant , quemadmodum per cæteras gentes; una igitur Tharæ domus erat , de qua natus est Abraham , in qua unius veri Dei cultus &c... sicut per aquarum diluvium una domus Noé remanserat ad reparandum genus humanum , sic in diluvio multarum superstitionum per universum mundum , una remanserat domus Tharæ, in quâ custodita est plantatio civitatis Dei. *Aug. lib.* 16. *de civit. Dei c.* 12. In hoc quod fecit hunc mundum cœlo terraque conspicuum , & antequam imbuerentur in fide Christi, Notus omnibus gentibus Deus ; in hoc autem , quod non est injuriis

fuis cum Diis falfis colendus , Notus in Judæa Deus. *Idem Aug. Tract. in Joan. 106. n.* 4. Verè non est notus Deus nifi in Judæa .... facta est Ecclefia vera Judæa, ubi notus Chriftus. *Idem in Pf. 75. ad v.* 1. Notus in Judæa Deus.

Erant quidam, qui jam timebant Deum in gente Judæorum; Per omnes terras, ubique Idola colebantur, dæmonia timebantur, non Deus; in illa gente timebatur Deus... in ea terra, in qua natus erat Propheta, inhabitet gloria major, quia inde cœpit prædicari Chriftus; inde Apostoli, & illuc prius miffi; inde Prophetæ; Ibi primò templum [*in editione Lugdunenfi in 8v. apud Sebaft. Honoratum an. 1563. legitur* ibi primum templum:] Ibi facrificabatur Deo; ibi Patriarchæ; Ibi Ipfe etiam venit de femine Abrahæ. *Idem in Pf. 84. n. 11. ad hunc verfum* 10. Verumtamen prope timentes eum falutare ipfius, ut inhabitet gloria in terra noftra.

Gentes omnes fub dæmonibus erant.... erat Plebs Judæa; Plebs ubi fuerunt Prophetæ; plebs

Jean n. 4. *Dieu n'est point vraiment connu que dans la Judée... l'Eglife est devenue la vraie Judée, c'est là que J. C. est connu.* Le même Saint Aug. fur le v. 1. du Pf. 75. *Dieu est connu dans la Judée. Dieu étoit déja craint dans le peuple Juif; Tout le reste de la terre étoit dans l'idolatrie, & ne craignoit que les démons; Cette feule Nation avoit la crainte de Dieu .... Le Prophete marque & prédit que la Terre, où il est né, fera honorée plus que toute autre, parce que c'est là qu'on a commencé à annoncer Le Chrift, c'est de là que font venus les Apôtres; c'est là qu'ils ont d'abord esté envoyez, c'est de là que font fortis les Prophetes, c'est là qu'a esté* PREMIRREMENT *le Temple* (dans l'Edition de Lion in 8o. en 1563. chez Sebaftien Honorat, il y a, *c'est là qu'a esté* LE PREMIER TEMPLE, *ibi* PRIMUM TEMPLUM, au lieu que les autres Editions fuivies par Louvain & par les Benedictins, portent communément *ibi* PRIMÒ TEMPLUM, qui fait le même fens) *C'est là qu'on facrifioit à Dieu, c'est là qu'ont esté les Patriarches, c'est là qu'est né le Chrift, de la posterité d'Abraham.* Le même S. Aug. fur le Pf. 84. n. 11. au verfet 10. *fon falut est proche de ceux qui le craignent, & la gloire doit habiter dans nôtre* terre. Toutes les Nations é-toient sous la domination des demons ... Ce peuple de Dieu étoit la Judée; Peuple ou ont vécu les Prophetes, où ont vécu les Patriarches... Peuple où le TEMPLE A ESTE' BATI, où a esté l'ancien Sacerdoce figure du nouveau .... c'étoit donc là le Peuple de Dieu. Le même S. Aug. sur le Pf. 94. n. 6. & 7. au verset 3. selon les 70. il est Roy, & d'une grandeur qui l'éleve au dessus de tous les Dieux, & il n'a pas rejetté son peuple.

ubi fuerunt Patriarchæ Plebs ubi institutum est Templum, Sacerdos ad figuram .. erat ergo ista Plebs Dei. Idem in Pf. 94. num. 6. & 7. ad hunc Pfal. versum 3. Rex magnus super omnes Deos, quia non repulit Dominus plebem suam. Juxta 70.

Dieu a reservé à ce peuple sans en (KK) gratifier nul autre. Et il n'y a même eu, parmi les autres nations, que peu de particuliers,qui,semblables à Job, ayent reçû de Dieu ce don celeste; Tous les autres, destitués de la foy divine, (Tel, qu'étoit sans doute CONFUCIUS,comme (ll) l'avouent ceux

contulit, (KK) nec fecit taliter omni nationi, paucisque extra hanc gentem, Jobo similibus, donum illud supernum concessit; cæteri divina fide vacui, quos inter haud dubiè extitit CONFUCIUS, ut & fatentur (ll) qui eum maximis laudibus

[kk] Pf. 147. 9.
(ll) Dans les Livres intitulez *la science Chinoise*, au Liv. 3. part. 7. pag. 106. qui a déja été citée, Le Scholiaste avoue, que CONFUCIUS a été payen, & c'est ce que personne ne peut nier.

[kk] Pfal. 147. 9.
[ll] *Ethnicum fuisse Confucium fatetur scholiastes scientia Sinicæ lib. 3. parte 7. pag. 106. superiùs relata.*

extollunt, (mm) exhibuerunt terrenæ patriæ Babylonicam dilectionem, & virtute civili, non verâ, sed veri simili, Dæmonibus, vel humanæ gloriæ servierunt. *Quemadmodum de antiquis illis Romanis heroicæ virtutis, quanta in Ethnicis esse potest, famâ celeberrimis, FABRICIO, REGULO, FABIO, SCIPIONE, CAMILLO, & aliis similibus loquitur Augustinus.*

mêmes qui le louent le plus,) (mm) *n'ont eu des veuës que pour la terre, qu'ils ont regardée comme leur patrie, ils n'ont aimé que le monde corrompu, dont Babylone étoit la figure, & par un exterieur trompeur, accommodé seulement à la societé civile, & qui n'avoit de la vertu que l'ombre & l'apparence, ils se sont rendus esclaves des Démons, & ils se sont uniquement attachez à s'acquerir de la gloire devant les hommes.* Ainsi que S. Aug. le dit de ces anciens Romains, FABRICE, REGULUS, FABIUS, SCIPION, CAMILLE, & autres semblables, si fameux par la reputation, qu'ils se sont faite, d'une vertu heroïque, autant qu'elle le peut être dans les payens.

AD SECUNDUM.

POUR LA SECONDE PROPOSITION.

Cum Reverendissimus Aleonissa, in rebus Sinicis peritissimus, & summa fidei, testetur, nullo

Comme le Reverendissime Aleonissa tres-instruit de ce qui regarde la Chine, & fort digne de foy, rend té-

[mm] S. *Aug. lib. in Julian.* 4. *cap.* 3. *post medium, num.* 26.

(mm) S. Aug. Liv. 4. contre Julien ch. 3. aprés le milieu du chapitre, n. 26.

moignage, qu'il ne se peut (nn) prouver sûrement, que les anciens Philosophes Chinois ayent connu le vrai Dieu, moins encore, qu'ils l'ayent adoré d'un culte pur & parfait, qu'au contraire, il y a de bónes preuves, qu'ils n'ont pas adoré Dieu; Il nous paroît, qu'on ne peut dire, sans *Temerité*, que par ce mot, TAI-KIS, dont ils se servent, ils ayent entendu parler de Dieu.

Personne ne peut nier que (*oo*) RICCI méme, le premier de ceux de sa

(nn) certo argumento probari posse, priscos Sinarum Philosophos ad veri Numinis notitiam pervenisse, nedum, germano illud cultu fuisse prosequutos; immò-nec desint argumenta, quæ probent, eos non fuisse Dei cultores, Temerarium *nobis videtur ut ab iis, nomine,* TAI-KIE, *Deus fingatur definitus.*

Neque verò diffiteri quisquã potest, (oo) *quin ipse,* RICCIUS,

---

(*nn*) Dans la réponse au Cardinal Casanatte n. 93.

(*oo*) Dans la déclaration proëmiale part. 2. parag.12. pag. 107. du Livre intitulé, CONFUCIUS, qui a déja été cité, où l'autheur parle ainsi, *Il demande,* (dit-il en parlant de Mathieu Ricci,) *en quel endroit des volumes classiques, ils ont jamais lû, Qu'on dût sacrifier, obéïr, rendre un culte d'adoration, & adresser des prieres à Ce qu'ils appellent* TAI KIE *ou* LI?

[nn] *In responso ad Emin. Card. Casan. numer. 93.*

[oo] *In proœmiali Declaratione parte 2. paragr. 12. pag. 107. libri prius laudati, qui inscribitur* CONFUCIUS, *ubi hæc leguntur verba, Quærit,* [Mat. Riccius.] *in qua tandem parte classicorum voluminum legerint aliquando, Sacrificare, servire, obtemperare, timere, adorare, revereri, & obsecrare illud suum* TAI KIE *vel* LI?

Primus è suis apud Sinas Evangelii concionator, cui perspecta erant Classica *eorum Volumina, neget in horum ullo legi, quòd suo illi,* TAI-KIE, *Sina sacra faciant, ipsum adorent, aut ad illud preces fundant. Quo patet, ab iis hac voce non intelligi Deum ipsum.*

Compagnie, qui ait prêché l'Evangile à la Chine, qui connoissoit les *Livres Classiques* de cette nation, ne dise, qu'on ne lit dans aucun de ces Livres, que Les Chinois sacrifient à leur TAI-KIE, qu'ils l'adorent, ou qu'ils lui adressent des prieres; Marque évidente, qu'ils n'entendent pas Dieu par ce mot.

AD TERTIUM.

POUR LA TROISIÈME PROPOSITION.

Cùm idem (pp.) *Reverendissimus Aleonissa fidem faciat,* cultum, quem spiritibus exhibuit CONFUCIUS, Religiosum fuisse potius quàm civilem, *idque sibi, lectione ipsa librorum, quos Philosophus ille composuit, exploratum asserat, quod &, à se quoque deprehensum alii plerique aiunt, & facilè, inter legen-*

Comme le Reverendissime (*pp*) Aleonissa assûre que *le culte que* CONFUCIUS *a rendu aux esprits est plûtost Religieux que civil,* & qu'il témoigne, s'être persuadé de cela par la lecture même des Livres qu'a composez ce Philosophe, ce que plusieurs autres marquent, qu'ils y ont aussi reconnu, & que tout lecteur équitable y pourra aisément reconnoî-

[pp] *In resp. ad Emin, Card. Casan. num.* 94.

(*pp*) Dans sa réponse à l'Emin. Card. Casan. n. 94.

tre en lifant ; Il nous semble, qu'on ne peut, ni avec *verité*, ni fans *fcandalifer* les Chrétiens, rien dire de contraire à ce fentiment, que nous prenons pour le nôtre par cette raifon ; & pour le prouver en l'adoptant, il fuffiroit de remarquer, que dans le cahyer des QUESTIONS, à quoi nous répondons prefentemét à la page 19. il eft expreffément raporté, que CONFUCIUS prononce en termes formels, dans le Livre LUN-JEU, qu'il *faut offrir & facrifier aux efprits.*

dum, *æquo cuique lectori obvium effe poterit ; Secus nihil videtur nobis verè & abfque Chriftianorum offendiculo, poffe affeverari ; neque, ad noftram hac de re fententiam probandam, alio opus effet argumento, quàm, quod in* QUÆSITIS, *quibus jam refpondemus,* pag. 19. CONFUCIUS *afferatur, in libro,* LUN-JEU, *conceptis verbis edixiffe, fpiritibus offerendum feu facrificandum.*

POUR LA QUATRIE'ME PROPOSITION.

Comme l'authorité du Reverendiffime (qq) Aleoniffa, & les autres preuves apportées pour la difcuffion de la premiere propofition, ont auffi lieu pour celle-ci ; Nous croyons auffi, fur les mémes raifons, qu'il

AD QUARTAM PROPOSITIONEM.

Cùm, & (qq) Reverendiffimi Aleoniffa authoritas, & alia argumenta, ad primum excutiendum adducta, hìc quoque locum habeant, iis ipfis pariter moti, dictum

---

(qq) Dans fa méme réponfe au Card. Çafan. n. 95.

[qq] *In eodem refpon.* num. 95.

hoc procul amandan-
dum censemus, quo
liber, JE-KING, us-
que adeò laudare-
tur, ut, appellaretur,
summa optimæ do-
ctrinæ Physicæ &
moralis. *Et quidem,
hoc libro uti Sinas,
ad sortes, auguria,
aliaque superstitiosa,
testatur ille ipse* (rr)
*Reverendissimus A-
leonissa, quod nec*
(ss) *proœmialis, qua
scientia Sinica li-
bris editis præmit-
titur, declarationis
author diffitetur.
Unde patet meri-
tò in sexto man-
dati capite dicta hac
quatuor fuiße pro-
hibita, tanquam*
FALSO, TEMERÈ,
& SCANDALOSÈ,
*scripta, qua nec un-
quam sine maxima
offensione poßent,
seu inter loquendum,*

faut rejetter cette qua-
triéme proposition, qui
donne une louange si
outrée au Livre intitulé,
JE KING, jusqu'à l'ap-
peller, la *Somme de la
meilleure doctrine & Phy-
sique & Morale.* Le Re-
verendissime (rr) Aleo-
nissa atteste, que les
Chinois se servent de
ce Livre pour *les sorts,
augures,* & autres pra-
tiques superstitieuses;
& l'autheur de la de-
claration (ss) proëmiale,
qu'on met à la tête des
Livres de la science
Chinoise, qu'il a fait
imprimer, ne le desa-
voue pas; d'où il est
évident, que c'est avec
grande raison, que ces
quatrepropositions, sont
par le sixiéme article du
Mandement, défenduës,
comme FAUSSEMENT,
TEMERAIREMENT, &
SCANDALEUSEMENT, é-
crites, qui ne pour-

[rr] *Ibidem.*
[ss] *Proœmial. declarat.
parte* 1. *paragr.* 1. *pag.*
18. *parag.* 6. *pag.* 38.
& *paragr.* 8. *pag.* 53.
& 54.

(rr) Au même nombre 95.
(ss) Declaration proëmia-
le part. 1. parag. 1. pag. 18.
paragr. 6. pag. 38. & parag.
8. pag. 53. & 54.

34

roient jamais être avan-
cées, soit verbalement,
soit par écrit, sans don-
ner un tres grand scan-
dale.

Sur le VII. Art. DU MANDEMENT.

POUR LA QUESTION
DE CE DERNIER ARTI-
CLE, QUI EST LA SEULE
QU'ON Y PROPOSE A
RESOUDRE.

COmme on ne peut
nier, que, quoi qu'il
y ait quelques bonnes
choses dans les livres
Chinois, il ne s'y en
trouve cependant beau-
coup de contraires au
culte de Dieu, super-
stitieuses & pernicieuses
pour la Religion Chré-
tienne, les Auteurs qui
ont composé ces livres
aiant été ou athées, ou
adorateurs de fausses
Divinités : Il auroit été
à souhaiter, qu'on eût
pû tout-à-fait défendre
aux Chrétiens de la Chi-
ne une lecture si dan-
gereuse. Mais, parce que
le Reverendissime. M.
Maigrot voioit, qu'il se-

---

*seu inter scribendum,
usurpari.*

In septimum MANDATI CAP.

AD QUÆSITUM
HOC IN POSTREMO
CAPITE UNICUM.

*CUM negari non
possit, in libris Si-
nicis, quorum ut-
potè scriptores, vel
nullum agnoscerent
numen, vel fictitium
colerent, permulta
esse divino cultui
adversa, superstitio-
sa, Christianæ Reli-
gioni exitiosa, quan-
quam, ii utile
nonnihil habeant,
optandum quidem
fuisset, ut eorum
lectio, quæ tantum
secum infert periculi,
Christianis apud Si-
nas omnino prohiberi
potuisset; Sed, quia
Sinas ad morem huic
prohibitioni geren-*

dum adduci, summè difficile futurum intelligebat Reverendissimus Dominus Maigrot, videtur ipse nobis consultissimam hîc decernendi rationem iniisse, ubi & sagacitatem, animique moderationem agnoscimus, quas, ut & insignem doctrinam, in viro illo omnes è nostris experti sunt, qui ipso familiariter usi fuerunt, priusquam, uno Christianae Religionis amplificandae studio flagrantissimo, ad exteras gentes proficisceretur, apud quas eam hactenus feliciter adeò promovit. Prudentius sanè hac in occasione Religioni providere ille non poterat, quàm, si jam, rerum praesentium ratione habita, Sinicorum librorum usum & lectionem, aegrè & ea una lege permitteret, ut Missionis operarii attentè curent, ut, qui

roit trop difficile d'obtenir sur cela des Chinois, qu'ils obéissent à une défense absoluë; Nous croions, qu'il a eu en ce point une conduite fort judicieuse, & nous y reconnoissons cette sagacité, & ce sage ménagement, qu'ont éprouvé en lui, aussi bien qu'une doctrine distinguée, tous ceux des nôtres qui l'ont connu familierement, avant que le zele ardent, dont il brûloit pour étendre la Religion Chrétienne, le fist aller, sans aucune autre vûë, prêcher la Foy aux Nations Etrangeres, où il a jusqu'à cette-heure si heureusement travaillé pour cela. Sans doute il ne pouvoit en cette occasion pourvoir à la Religion avec plus de prudence, qu'en ne donnant la permission de cette lecture, (ce qu'il n'accorde qu'à regret, & seulement eu égard à l'état present, où il voit les choses à la Chine,) qu'à condition que les

Missionnaires tiennent la main, que * *les Chrétiens qui instruisent dans les écoles, & qui y font lire ces livres*, ne debitent point à leurs écoliers, ce qu'ils contiennent d'erreurs, avec ce qui s'y peut rencontrer de bon ou d'innocent, indifferemment & sans distinction; mais qu'ils leur démêlent tout cela, & qu'ils leur fournissent dequoi se munir sûrement & solidement contre les erreurs dont ces livres sont remplis, * *& qu'ils ne fassent entrer dans les écrits, qu'ils leur donneront, aucun principe de l'ecole des Lettrés, qui soit contraire à la Loy Chrétienne.* On ne peut apporter une trop grande précaution, pour suivre dans les affaires de la Religion, l'excellent avis, que Tertullien donne en ces termes, (tt)

* Voyez le Mandement.
* Ce sont les paroles du Mandement.
(tt) Tertul. Livre de l'idolatrie ch. 13.

* *Christiani eos in scholis legunt, quæ in iis habentur errata, non simul cum aliis dogmatibus, seu rectis, seu innoxiis, absque ullo discrimine, suis auditoribus propinent, sed alia ab aliis secernant, suorumque animos in errores, quibus ea volumina scatět, tutò & solidè muniant,* nec * *suis in scriptionibus quidpiam · è Scholæ Litterariæ principiis legi Christianæ contrarium admisceant. Nimia quippe cautione uti non possumus, ut, ubi de Religione agitur, praclarum hoc Tertulliani monitum observemus,* (tt) *Non usque ad Idololatriæ affinitates necessitatibus largiamur, sed omnem afflatum ejus, vice*

* *Vide Mandatum.*
* *Verba sunt Mandati.*
[tt] *Tert. de idolol. cap.* 13.

Peſtis,

'Peſtis, etiam de lon-
ginquo devitemus, non in his tantùm quæ prœmiſimus, ſed in univerſa ſerie humanæ ſuperſtitionis, ſive Diis ſuis, ſive Defunctis, ſive Regibus mancipatæ, ut ad eoſdem Spiritus immundos pertinentis, modò per Sacerdotia, & Sacrificia, modò per Spectacula & hoc genus, modò per feſtos dies, &c. Dictum hoc optaremus omnium apud Sinas verbi divini adminiſtrorum oculis ſemper obverſari, ut monitum obſervarent ejuſmodi verbis expreſſum. Quod & nos inter reſpondendum maximè intuiti ſumus, ut ipſum hiſce noſtris in Reſponſis ſequeremur.

Ne portons pas la neceſſité du commerce dans la ſocieté civile, juſqu'à nous approcher de l'idolatrie. Eloignons nous de ce qui en porte quelque air, comme de la Peſte; retirons-nous de toutes les pratiques que la ſuperſtition a établies parmi les hommes dans les honneurs de Religion qu'ils rendent aux Dieux, aux Morts, & aux Princes; ſoit par les ſacrifices, & par les autres ceremonies, dont les Prêtres ſont les Miniſtres; ſoit par les ſpectacles, & par d'autres pompes ſemblables; ſoit par des jours de fêtes; regardons tout cela comme appartenant au culte des Démons.

Nous ſouhaiterions, que tous ceux, qui annoncent la parole de Dieu à la Chine, euſſent toûjours ces paroles devant les yeux, pour ſe conformer à l'avertiſſement

qui y eſt marqué. C'eſt la regle que nous nous ſommes propoſée dans ces Réponſes, & que nous avons toûjours euë en veuë en les

38

dreſſant, pour la ſuivre ponctuellement.
DONNE' à Paris le   *Datum Pariſiis die*
20. de May 1700.   *Maii 20. 1700.*

EDMUND. PIROT, *Cancellarius Eccleſ.
& Eminent. Card.* DE NOAILLES, *Ar-
chiepiſcopi Pariſ. Vicarius generalis.*

LEONARD. DE LAMET, *Doctor Navar-
ricus & Eccleſia ſancti Euſtachii antiquus
Paſtor.*

NICOL. PETITPIED, *Succentor & Canonicus Pariſienſis.*

FR. JOAN. GERMAIN, *Carmelita.*

FR. FRASSEN, *Minorita.*

TH. BULTEAU, *Eccleſia ſancti Laurentii
apud Rothomagum Paſtor.*

J. RABOUIN, *Socius Sorbonicus.*

TH. DURIEUX, *Socius Sorbonicus.*

GUILL. LE BAS, *Paſtor Eccleſia ſancti
Chriſtophori & Syndicus Sacra Facultatis
Pariſienſis.*

FR. MARIAU, *Minorita.*

LUD. CAIGNART, *Minorita.*

FR. CAR. DE ROCHEBLANCHE, *Minorita.*

MICH. PHILIPP. BONNET, *Paſtor Eccleſia
ſancti Nicolai à Campis.*

FRANC. BRUNET, *Paſtor Eccleſia ſancti
Martialis Pariſiis.*

JOAN. VIVANT, *Socius Sorbonicus & Ecclesiæ sancti Lupi Parif. Paftor.*

FR. ROBERTUS SECOUSSE, *Ecclesia sancti Euftachii Paftor.*

CAROLUS CHAUVIN.

HYACINTHUS RAVECHET, *Soc. Sorbonicus.*

HONORAT. JOSEPH. BRUNET, *Carmelita.*

FRANC. VIVANT, *Canonicus Parif. & Officialis Parifienfis Vices gerens.*

JOACH. GILBERT, *Soc. Sorb. & Eminent. Card.* DE NOAILLES, *Archiepifcopi Parif. Vicarius generalis.*

ANTONIUS LE MOINE, *Soc. Sorb.*

CAROL. VITASSE, *Soc. Sorb. & Sacræ Theologiæ Profeffor.*

NICOL. PETITPIED, *Socius Sorbon. & Sacræ Theologiæ Profeffor.*

ANTONIUS MORAND, *Rector & Prior Ecclefia de Marly.*

JOSEPH. VINCENTIUS BIDAL D'ASFELD.

HENR. DE LA PIERRE, *Collegii Marchiani Parif. Magifter.*

CL. DE SEVE, *Socius Sorbonicus.*

DE SEVE DIZI, *Soc. Sorbonicus.*

DE PUIS-MARTIN.

FR. PERRIN.

De la Pierre, *Ecclesiæ & Xenodochii Spiritus sancti Paris. Minister.*

Du Breul.

Jac. Lillaye.

Beuscher.

De Vaux.

Bouquet, *Collegii Bayo. Parif. Gymnasiarcha.*

Fr. Peyroux, *Carmelita.*

LE crime d'Idolatrie, que les Saints Peres de l'Eglise ont avec raison appellé le plus grand des pechez, le principal crime du genre humain, la plus grande iniquité du siécle, & l'unique cause du jugement, est celui de tous les crimes, dont Dieu a tiré une plus terrible vangeance & que l'Eglise a défendu sous de plus severes peines. C'est celuy dont nos Peres inspirés de l'esprit de Dieu ont recommandé aux Fidéles, de se donner le plus de garde, dont ils ont

CUM Idololatriæ, crimine, quod extremum delictum, principale crimen (a) *generis humani, summum sæculi reatum, totam judicii causam meritò SS. Patres appellant, nullum sit, quod aut graviori vindictâ Deus punierit, aut Ecclesia severiori disciplinâ coërcuerit, nullum quod Patres nostri Spiritu Dei afflati Christianis magis cavendum, sollicitiùs fugiendum, ac cautiùs vitandum esse do-*

(a) Cypr. Ep. 15. Tertull. lib. de Idolola.

ederint, ita ut non tantùm craffam idololatriam, fed etiam omnem ejus fpeciem, atque, ut Tertulliani verbis utamur, affla-tum, vice peftis etiam è longinquo vitari voluerint, non in Idolorum tantùm cultu, fed & in universâ ferie hu-manæ fuperftitionis five Deis fuis, five defunctis, five Re-gibus mancipatæ, vel ad eofdem Spiri-tus immundos per-tinentis, modò per facrificia & facer-dotia, modò per feftos dies, & alia id genus. Hinc eft quod Nos infra-fcripti facræ Facul-tatis Theologiæ Pa-rifienfis Doctores, eò impenfiùs veritati hac in parte teftimo-nium perhibere cu-pientes, quò pericu-lofiùs hoc in negotio erratur; ad Quæ-fita nobis propofita fic refpondemus.

voulu qu'ils s'éloignaf-fent avec le plus d'ar-deur, & qu'ils leur ont confeillé d'éviter avec le plus de précaution : ne leur aïant pas feule-ment ordonné de fuïr, comme la pefte, l'Ido-latrie groffiere, mais encore tout ce qui en a l'apparence : Et pour nous fervir des termes de Tertullien, *tout ce qui en a quelque air, non feulement dans le culte des Idoles : mais auffi dans tout l'enchaî-nement des fuperftitions humaines que l'on rend, foit aux Dieux, foit aux Morts, foit aux Rois, foit aux Efprits impurs, tantoft par des Sacrifices & par des Prêtres, tan-tôt par des Fêtes, & par d'autres cérémonies de cette nature.* C'eft pour-quoy, Nous fouffignés Docteurs en Theologie de la Faculté de Paris, defirans avec d'autant plus de zele rendre té-moignage à la verité fur cette matiere, qu'il eft plus dangereux de s'y tromper, nous nous sommes crûs obligés de faire les Réponses suivantes aux Questions proposées.

Sur le I. Article.

A la première Demande. Supposé que les Noms Européens qui signifient *Dieu*, ne puissent être exprimés en caracteres Chinois, & ne donnent aux Chinois aucune idée de la chose qu'on veut leur faire connoître, ce seroit inutilement que les Missionnaires s'en serviroient.

Ad primum. Posito quòd nomina Europæa ad significandum Deum, Sinarum characteribus exprimi non possint, & nullam rei significatæ apud eos ideam excitent, incassùm nominibus iis uterentur Missionarii.

A la seconde; Puisque suivant l'usage commun qui est presentement à la Chine, les mots Tien & Xangti signifient le *Ciel matériel*, ou une certaine vertu de ce Ciel, les Missionnaires ne peuvent pas se servir de ce nom pour signifier *Dieu*, qu'ils ne don-

*Ad secundum: Cùm ex usu communi qui nunc obtinet apud Sinas, voces Tien & Xangti, Cælum materiale vel quamdam ejus virtutem significent, * non possunt uti hoc nomine Missionarii ad significandum Deum, quin ansam*

---

* Testibus minimè suspectis. Longobardo Tract. de Sectâ Litterariâ, prælud. 16. & 17. Maffæo Hist. Indic. Lib. 16. Alvare Semedo in Relat. Monarch. Sinensi. Patre Maggalaëns in Tractatu cui titulus, Nova Relatio de Sinis. Le Comte, Ep. 10.

præbeant auditoribus existimandi nihil aliud esse Deum, quàm Cælum aut ejus virtutem, idémque de ipso sentire Christianos, quod Sinensium Litterati, sicque fiet ut plures Christianos se esse profiteantur, pravo errore haudquaquam deposito, quod grande piaculum est.

AD TERTIUM: Haud dubiò Deum Optimum Maximum appellandum eo nomine, quo Deus Christianorum propriè designatur, & à quocumque alio distinguitur apud Sinas tùm Gentiles, tùm Christianos; cùm ergo constet talem esse vocem Tien chù, eâ prorsùs utendum.

RESPONSUM ad quartum pendet ex facto, cujus veritas in Quæsito secundo probata est.

nent occasion à leurs Auditeurs de penser que Dieu n'est autre chose que le Ciel, ou sa vertu; & que les Chrétiens font dans le même sentiment que les Lettrez; d'où il arriveroit que plusieurs feroient profession d'être Chrétiens sans avoir quitté leur erreur grossière, ce qui seroit cause d'un étrange desordre.

A LA TROISIE'ME, Qu'il faut sans doute appeller Dieu, du nom qui designe expressément le Dieu des Chrétiens, & qui le distingue de tout autre être parmi les Chinois, tant Gentils que Chrétiens. Qu'ainsi, puisqu'il est certain que le nom TIEN-CHÙ a cette signification, il faut necessairement s'en servir.

La réponse A LA QUATRIE'ME depend de la verité du fait exposé dans la seconde demande.

A la premiere. Que le nom de TIEN se prenant à present chez les Chinois pour le Ciel materiel, on ne peut pas mettre dans les Eglises un tableau avec cette inscription KING TIEN, *Adorez le Ciel,* sans donner occasion d'Idolatrie, & sans exposer la Religion Chrétienne au mépris.

A la seconde, Que l'on ne peut pas permettre une inscription qui a un si mauvais sens, ni l'adoucir par aucune declaration, à moins qu'au lieu de cette inscription *adorez le Ciel,* on n'écrive dans ce Tableau : *Adorez le Dieu du Ciel.* Mais parce que ces tableaux ainsi suspendus ressentent la superstition Chinoise, il est mieux de n'en point mettre dans les Eglises.

Ad primum: Cùm vox Tien, *nunc temporis à Sinensibus accipiatur pro Cælo materiali, tabella cum hac inscriptione* King-tien, Cælum colito, *non potest appendi in Ecclesiis Christianorum, quin occasio idololatriæ præbeatur, & Christiana Religio ludibrio exponatur.*

Ad secundum : Tam malè sonantem inscriptionem permitti nequaquam posse, nec ullâ declaratione molliri, nisi loco hujus, Cælum colito, *reponatur in tabella,* Dominum Cæli colito. *Sed quoniã superstitionem Sinicam sapit appensio hujusmodi tabulæ, ab eâ satius est omninò abstinere.*

SUR LE TROISIE'ME ARTICLE.

Solutio Quæsiti remittitur infrà, ut & Quæsitum.

La solution de la demande est remise plus bas, aussi bien que la demande.

SUR LE QUATRIE'ME ARTICLE.

Ad Primum : Solemnia illa, quæ semel & iterùm in anno Confucio & Progenitoribus offerri solent., sacrificia seu oblationes, ritus esse idololatricos & superstitiosos ; nam cultum civilem non esse, sed Religiosum, abundè testantur orationes, invocatio spiritus, suffitus, immolatio animalium, libatio vini & oblatio carnium, nomen ipsum Miao, quo Templum Idolorum significatur, appensa tabella, in qua scriptum est, Sedes spiritus sanctissimi vel sapientissimi Protomagistri Confucii, invocationes & preces, alii-

A la premiere demande : Que ces Sacrifices où oblations solemnelles que l'on offre deux fois l'an à Confucius, & aux Ancêtres, sont des Ceremonies idolâtres & superstitieuses. Car les Prieres, l'Invocation des Esprits, les Parfums brûlés, les Animaux immolés, les Libations de vin, les Oblations des chairs, ce nom seul MIAO, qui signifie les Temples des Idoles, ce Tableau attaché, où il y a écrit : Le Siege de l'esprit du tres-Saint & du tres-sage Confucius premier Maître, les Invocations, les Oraisons, & les autres Ceremonies font voir que ce n'est pas un culte civil, mais Religieux, que les Chrétiens ne peuvent pas pratiquer sans sacrilege & sans participer à l'Idolatrie. C'est pourquoy il leur est défendu absolument d'y assister, & on ne peut point le leur permettre sous quelque prétexte que ce soit.

A la seconde. Que les Rites & les Oblations moins solemnelles, telles qu'elles sont décrites dans la demande, sçavoir, les genuflexions, les prostrations devant le tableau de Confucius dans son Temple, où l'on tient des cierges allumés, & où l'on brûle des parfums, les oblations d'herbes, de vin, de fruits, &c. sont des cérémonies profanes. Le culte des Ancêtres, tel qu'il est dépeint, par lequel on leur dedie des Temples, on leur offre des oblations, on expose des tableaux, où on croit que resident leurs esprits que l'on invoque d'une maniere su-

que ritus sacrilegi, quibus interesse Christiani non possunt, quin participes fiant idololatria. Quapropter minimè licet ipsis adesse, nec ulla de causa id permitti potest.

Ad secundum. Similiter ritus & oblationes minùs solemnes quæ describuntur in Quæsito, nempè genuflexiones, prostrationes ante tabellam Confucii in ejus ædibus, accensis cereis, cum thuris atque odorum suffitu, oblationes olerum, vini & fructuum &c. sacra esse sacrilega. Progenitorum cultum, uti etiam describitur, cùm ædes eis dicantur, oblationes fiunt, tabellæ repræsentantur, in quibus creduntur residere eorum spiritus, superstitiosè invocantur & rogantur, ita ut ab eis multa bona expectentur, uno verbo coluntur oblationibus, fumo, nidoribus ac demum animalium sacrificiis, non differre à cultu quo Ethnici defunctos suos prosequebantur, quem Idololatriæ Veteres semper accusarunt. *Utraque species Idolorum, inquit Tertullianus, conditionis unius est, dum mortui & Dii unum sunt; utrâque idololatriâ abstinemus: nec minùs templa, quàm monumenta despuimus: neutram aram novimus, neutram effigiem adoramus: non sacrificamus, non parentamus, sed neque de sacrificato & parentato edimus, quia non possumus cœnam Dei edere, & cœnam dæmoniorum. Sina non rantàm paren-*

Lib. de spec.

perstitieuse, desquels on attend des biens, & que l'on honore par des oblations, par la fumée des parfums, & par des sacrifices d'animaux, ne differe pas du Culte que les Païens rendoient à leurs morts, qui a toûjours été consideré comme une Idolatrie. *Les deux especes d'Idolatrie, dit Tertullien, sont de même nature, parce que les morts & les Dieux font une même chose. Nous nous abstenons de l'une & de l'autre Idolatrie, & nous n'avons pas moins d'aversion pour les Tombeaux, que pour les Temples: nous ne respectons ni l'un ni l'autre de ces Autels, nous n'adorons aucune de ces representations: nous ne sacrifions point, nous ne faisons point d'oblations aux morts; nous ne mangeons point non plus de ce qui leur est sacrifié ou offert; parce que nous ne pouvons manger la Cene* du Seigneur & celle des Demons. Les Chinois ne font pas feulement des oblations, mais auſſi des facrifices à leurs morts. Ils ont une doctrine touchant leurs Eſprits encore plus dangereuſe que celle des Païens, & un culte beaucoup plus fuperſtitieux. Cela étant, peut-on en conſcience leur permettre de rendre ce culte à leurs morts?

La réponſe à la troiſiéme demande eſt claire par ce qui vient d'être dit fur la précédente: ſçavoir, qu'il n'eſt pas permis à des Chrétiens de faire ces oblations moins folemnelles adreſſées aux morts, dans des Temples ou dans des Edifices qui leur font dédiés, d'y fervir de Miniſtres, ou d'y faire aucune fonction: car la fin des Rites & des Cérémonies décrites dans la queſtion, eſt d'honorer les eſprits des Anceſtres; la maniere dont on les

tant, ſed facrificia offerunt mortuis, & longè periculoſiorem quàm Ethnici doctrinam de ſpiritibus mortuorum habent, longè ſuperſtitioſiorem erga eos cultum. Quâ ergò conſcientiâ Chriſtianis hunc cultum mortuis exhibere permitteretur?

Ad tertium Quaſitum. Patet reſponſio ex ſuperiori, nequaquã licere Chriſtianis oblationes illas minùs folemnes, in ædibus & templis, mortuis offerre, in eis miniſtrare, ſeu quomodolibet inſervire. Nam omnes illi ritus & cæremonia quæ hîc deſcribuntur, eò tendunt, ut colantur Progenitorum ſpiritus, qui cultus iis ritibus fit, qui ad Religionem haud dubiè pertinent, & quibus

ſe

& illos pro sanctis & beatis habere publicè testantur : Ut meritò de iis dici possit quod olim de Gentilibus ait Octavius apud Minuciū; Dum Reges suos colunt religiosè, dum defunctos eos desiderant in imaginibus videre, dum gestiunt eorum memorias in statuis detinere, sacra facta sunt, quæ fuerant assumpta solatia. His similes prorsus Sinarum erga mortuos suos & superstitio & ritus. Quapropter hæc Christiani sine impietate, aut credere, aut facere non possunt.

Ob eamdem rationem ne privatis quidem in ædibus hu-

honore appartient sans doute à la Religion, & les Chinois témoignent par là publiquement qu'ils honorent leurs Ancêtres comme des Saints & des Bienheureux. En sorte qu'on peut dire des Chinois ce que disoit autrefois Octave dans le Dialogue de Minucius Felix, des Païens : *En honorant religieusement leurs Rois, en desirant de les voir après leur mort dans des tableaux, en prenant plaisir à perpetuer leur memoire par des statues, ils ont fait un objet de Religion de ce qu'ils avoient employé d'abord pour une simple consolation.* La superstition & les cérémonies des Chinois envers leurs morts sont pareilles à celles des Païens. C'est pourquoi des Chrêtiens ne peuvent sans impieté ni les croire, ni les pratiquer.

Pour la même raison, il n'est pas permis de faire les mêmes ceremonies dans des maisons particulieres. D'où dépend la solution à la quatriéme demande.

A LA CINQUIE'ME. Que la protestation sécrete ou publique, que feroient ceux qui rendroient ce culte à leurs Ancêtres, qu'ils ne prétendent point que ce soit un culte Religieux, mais que c'est feulement un honneur civil & politique, qu'ils ne leur demandent rien, & qu'ils n'attendent rien d'eux ; est une nouvelle invention inconnuë jusqu'a present à l'Eglise, qui ternit la gloire des illuftres confeffions des Martyrs, & qui est la chofe du monde la plus pernicieufe & la plus contraire à la verité, à la fimplicité, & à la conftance Chrétienne. En effet, fi cette declaration est fecrete, elle ne fert de rien, & fi elle est publique, elle n'empêche pas qu'un homme ne faffe ce qu'il déclare qu'il ne veut pas

jufmodi cæremonias ipfis facere licet. Quo patet: folutio ad quartum Quæfitum.

Ad quintum: Proteftationem fecretam vel publicam quæ ab iis præmitteretur, fe non religiofo, fed civili tantùm ac politico cultu erga defunctos Progenitores hæc omnia præftare, nec ab eis quidquam petere aut fperare, novitium effe inventum, Ecclefiæ huc-ufque ignotum, quo præclara Martyrum confeffiones obfcurantur, & quo nihil perniciofius, aut Chriftianæ veritati, fimplicitati, ac conftantia magis contrarium excogitari poteft. Deinde declaratio illa, fi fecreta eft, nihil proficit; fi publica, non impedit quominùs id faciat homo, quod fe facturum effe negat, & fic factis

*convincitur super-
stitionis & idolola-
tria, dum verbis sese
purgat.*

*Ad sextum : Cùm
Sinenses mortui in
impietate aut idolo-
latriâ defuncti fue-
rint, & ideò ater-
nis ignibus addicti,
non licet Christia-
nis quidquam face-
re, quo memoria eo-
rum, ut sanctorum
& justorum colatur;
Vivis reddi debet
honor civilis qui de-
betur ; at mortuo-
rum memoria in be-
nedictione non debet
esse. Laudari equidē
possunt ob dotes &
virtutes naturales,
quas habuerunt vi-
vi, sed anima eo-
rum jam defuncto-
rum religiosè hono-
rari non possunt.
Quòd si quis honor
merè civilis eorum
memoria rependatur,
primò abstinendum
est ab omnibus obla-*

faire, en sorte que ses
actions le convainquent
d'Idolatrie & de super-
stition, dans le temps
même qu'il veut s'en
purger par ses paroles.

A LA SIXIE'ME. Que
les Chinois étant morts
dans l'impieté ou dans
l'Idolatrie & à cause de
cela condamnés aux
feux éternels, il n'est
pas permis aux Chré-
tiens de rien faire pour
honorer leur memoire,
comme s'ils avoient été
justes, & qu'ils fussent
des Saints. On peut ren-
dre aux Chinois vivans
l'honneur civil qui leur
est dû : mais la memoire
de leurs morts ne doit
point être en benedic-
tion. Il n'est pas défen-
du de les louer à cause
des dons & des vertus
naturelles qu'ils ont eus
pendant leur vie, mais
on ne doit pas honorer
d'un culte Religieux
les ames des morts : Et
si on rend quelque hon-
neur purement civil à
leur memoire, premie-
rement il faut s'abstenir

de toute sorte d'oblations, de prieres, d'invocations & des autres ceremonies dont nous avons parlé ; cela ne se doit pas faire dans les lieux établis pour leur rendre ce culte, ni avec des Gentils qui les honorent religieusement ; Mais les Chrêtiens entr'eux peuvent témoigner qu'ils ont de grandes obligations à leurs Ancêtres, quoi qu'ils improuvent leur Religion, qu'ils ayent de la douleur de ce qu'ils n'ont pas été éclairés des lumieres de l'Evangile, & que par conféquent ils soient privez de la félicité éternelle.

tionibus, precibus, invocationibus, aliisque caremoniis supra-scriptis, fieri id non debet in adibus ad id institutis, neque cum Gentilibus qui defunctos colunt ; sed inter Christianos possunt testari filii, se multum debere Progenitoribus mortuis, licet eorum religionem improbent, doleántque eos veritatis lumine collustratos non fuisse, atque ideò ab æternâ felicitate extorres.

A la première Demande. Qu'il n'est pas permis aux Chrêtiens d'avoir dans leurs maisons, des Tableaux avec cette inscription, Xin chu, Xin Goëy, Ling Goëy, qui signifie : *C'est ici le siege ou le throne de l'ame de* N.

Ad primum Quæsitum : *Non licet Christianis tabellas Progenitorum habere in domibus cum hac inscriptione :* Xin chù, Xin Goëy, Ling Goëy, *qua significat,* Thronus seu Sedes animæ N.

Defuncti. Nam hac inscriptione significatur, animam Defuncti hîc præsentem sisti & coli: qui error est Religioni & pietati Christianæ planè adversus.

Ad Secundum: Si addatur littera Goëy, Sedes seu Thronus, cùm idem hac inscriptione significetur ac priori, non minùs illicita est hujusmodi tabella. Sed si solum nomen Defuncti apponatur, cum declaratione quæ sit Christianorum de defunctis fides, & qualis filiorum ac nepotum in Progenitores pietas esse debeat, ut tertio Quæsito enuntiatur, nihil absolutè vetat, quominùs scribatur defuncti nomen, sicut apud nos pingitur ejus imago. Attamen si inde Sinenses qui Christiani non sunt, inferant à Christia-

défunt. Car cette inscription signifie que l'ame du defunt est là presente, & qu'on l'honore : erreur entierement contraire à la verité & à la pieté de la Religion Chrêtienne.

A LA SECONDE. Si l'on ajoute au nom du Mort le terme de GOEY qui signifie *le Siege* ou *le Thrône,* cette inscription ayant le même sens que la précédente, ce tableau n'est pas moins défendu. Mais si l'on met le nom seul du Défunt, avec une déclaration par laquelle on fait connoître quelle est la créance des Chrêtiens touchant les Morts, & quels doivent être les sentimens de reconnoissance des enfans envers leurs Peres & leurs Ancêtres, comme il est expliqué dans la troisiéme demande, il n'est pas défendu absolument d'écrire le nom du défunt, comme on peint son portrait parmi nous. Tourefois si les Chinois qui ne sont pas Chrêtiens prenoient de là occasion de croire que les Chrêtiens rendent à leurs Ancêtres le même culte qu'ils leur rendent, il faudroit s'abstenir entierement d'avoir de ces tableaux.

nis Progenitores coli eodem cultu quo ipsi eos colunt, abstinendum est ab hujusmodi tabellis.

Du troisie'me Article omis.

La decision de cet article dépend du fait: Or il est certain par des témoignages dignes de foi que la chose est autrement qu'elle n'a été exposée au Pape Alexandre V I I. dans les questions qui lui ont été proposées en l'année 1656. Car on a exposé à sa Sainteté, qu'il ne s'agissoit que d'une cérémonie usitée pour donner des degrez aux Lettrés; que l'honneur que les Chinois rendoient à Confucius ne consistoit que dans des Cérémonies civiles & politiques établies pour luy rendre un honneur purement civil :

Hujus definitio pendet ex facto. At constat ex testimoniis fide dignis aliter rem se habere, ac exposita est Alexandro V I I. in Quæsitis ipsi oblatis anno 1656. Nam Summo Pontifici expositum est agi tantùm de cæremoniâ quâ Litterati gradus accipiunt, Confucium ritibus tantùm civilibus & politicis ad cultum civilem institutis honorari, nihil offerri, in aulâ hac fieri, non in templo, nihil superstitiosi accedere in cultu Progeni-

torum defunctorum, nulla esse templa ip- sis erecta, nihil ab illis sperari aut peti, & alia hujusmodi, quæ falsa esse patet, ex testimoniis allatis in Quæsitis. Multa quoque silentio prætermissa sunt, quæ ostendunt cultum illum Confucii & Progenitorum esse superstitiosum & idololatricum. Quapropter ab Alexand. VII. per obreptionem & subreptionem Decretum anni 1656. obtentum esse patet. Quod proinde secundùm regulas à Summis Pontificibus præscriptas non valet, nisi quatenùs de fide relatorum constaret : quæ cùm à vero abhorrere certum sit, non potest istud Decretum pro regulâ adhiberi, sed standum Decreto Innocentii X. in quo factum, ut

que l'on ne luy offroit rien : que cela se faisoit dans une Sale & non pas dans un Temple ; qu'il n'y avoit aucune superstition dans le culte qu'ils rendoient aux Ancêtres, qu'on ne leur avoit érigé aucun temple, qu'on n'attendoit rien d'eux, qu'on ne leur demandoit rien, & plusieurs autres choses qui sont évidemment fausses, comme il paroît par les témoignages rapportés dans les demandes cy-dessus. On a aussi dissimulé plusieurs circonstances qui font voir que le culte de Confucius & des Ancêtres est superstitieux & idolâtre. C'est pourquoi il est clair que le Decret d'Alexandre VII. de l'année 1656. a été obtenu par obreption & par subreption, qu'il est par consequent nul suivant les loix prescrites par les souverains Pontifes, & qu'il

n'a de force qu'en cas
que les faits allegués
fussent constans. Ainsi puis qu'il est certain
qu'ils ne font pas conformes à la verité, on
ne peut se fervir de ce Decret pour regle, mais
il faut s'en tenir à celui du Pape Innocent X.
dans lequel le fait est exposé comme il est.

reverà se habet, ex-
positum est.

Sur le VI. Article.

Nous en sçavons as-
fez sur la Philosophie
& la doctrine des Chi-
nois Lettrez, pour être
assurez qu'elle est tres-
contraire à la Religion
Chrétienne & qu'elle
conduit à l'Atheisme ;
qu'ils ne reconnoissent
point d'autre Etre sou-
verain que le Ciel ou
sa vertu, ni d'autres
esprits, que la portion
la plus subtile de la ma-
tiere C'est pourquoi,
c'est avec raison que
l'on condamne les pro-
positions rapportées
dans le sixiéme Article,
par lesquelles leur Phi-
losophie & leurs Livres
sont approuvez.

*Satis ex iis que
de Philosophia &
doctrina Sinensium
Litteratorum nobis
perspecta sunt, in-
telligitur, hanc om-
ninò contrariam es-
se Religioni, ad A-
theismum tendere,
nullum aliud supre-
mum numen prater
coelum aut ejus vir-
tutem agnoscere, nec
alios spiritus, quàm
subtilissima materia
portionem. Quapro-
pter propositiones in
sexto Articulo enun-
ciata, qua horum
Philosophiam & li-
bros approbant, me-
ritò proscripta sunt.*

Sur le VII.

L'Avertissement du
Reverendissime Evêque.

*Admonitio Reve-
rendissimi Domini*

Maigrot, utilis videtur & necessaria ac in praxi sequenda. Nec enim satis Evangelii Promulgatores in regionibus barbaris cavere possunt, ut quidquid idololatriam aut impietatem sapit & in eam inducit, sedulò fugiant : Ut inter scopulos & sinus, (verba sunt Tertulliani, quæ egregiè præsenti negotio conveniunt) inter hæc vada & freta idololatriæ velificata Spiritu Dei Fides naviget, tuta si cauta, secura si attenta......Nemo dicat, Quis tam tutò præcavebit?.......Nihil esse facilius potest, quàm cautio idololatriæ, si timor ejus in capite sit; quæcumque necessitas minor est, periculo tanto comparata. Proptereà Spiritus Sanctus consultantibus tunc

Monseigneur Maigrot, est utile & necessaire, & il le faut suivre dans la pratique. Car ceux qui annoncent l'Evangile à des nations barbares, ne peuvent prendre trop de précautions pour éviter tout ce qui se ressent de l'idolatrie & qui y conduit : *Afin que la foy puisse naviger sûrement entre les écueils & les bans de sable de l'idolatrie, & traverser les mers & les detroits avec le secours des voiles de l'esprit de Dieu* (ce sont les paroles de Tertullien qui conviennent tout à fait au sujet;) *Elle sera hors de danger si elle prend toutes ses précautions & elle n'aura point d'inquietude si elle est attentive......Que personne ne dise : Mais comment prendre tant de précautions?.....Il n'y a rien de si aisé que de se donner de garde de l'idolatrie, pourvû que ce soit la chose* que l'on craint le plus. Il n'y a point de neces-sité si pressante qu'elle soit, qui ne doive ceder à un si grand danger. C'est pourquoi le saint Esprit nous a dechargez dans le Concile des Apô-tres, des obligations & du joug de la loy, afin que toute nôtre applica-tion fût d'éviter l'ido-latrie. Ce doit être là nôtre loy : plus elle est simple, plus nous som-mes obligez de l'accom-plir dans toute son éten-duë. C'est une loy pro-pre aux Chrétiens, par laquelle nous sommes re-connus & distinguez des Païens. IL LA FAUT PROPOSER A CEUX QUI S'APPROCHENT DE LA FOY; IL LA FAUT RE-PETER SOUVENT A CEUX QUI ENTRENT DANS LA FOY, AFIN QUE CEUX QUI VIENNENT A NOUS LE FASSENT AVEC JUGEMENT; QUE CEUX QUI OBSERVENT LES PRE'CEPTES DE NÔTRE RELIGION Y PERSEVERENT, ET QUE CEUX QUI NE LES OBSERVENT PAS, RE-NONCENT A EUX-MÊMES.

Apostolis vinculum & jugum nobis re-laxavit, ut idolola-triæ devitandæ va-caremus. Hæc erit lex nostra; quò ex-pedita, hòc ple-niùs administranda, propria Christiano-rum, per quam ab Ethnicis agnosci-mur & examinamur. HÆC ACCEDENTI-BUS AD FIDEM PRO-PONENDA, ET IN-GREDIENTIBUS IN EIDEM INCULCAN-DA EST, UT ACCE-DENTES DELIBE-RENT, OBSERVAN-TES PERSEVERENT, NON OBSERVAN-TES RENUNTIENT SIBI.

Ita deliberatum & responsum Parisiis diebus 5ª. & 15ª. Maii, 10ª. Junii, & 30ª. Aug. Anno supra mille, septingentesimo.

Deliberé & répondu à Paris les 5. & 15. de May, 10. de Juin & 30. d'Aoust mil sept cent.

FR. DE LA ROCQUE, *antiquus Ecclesiæ Meldensis Theologus.*

M. HUOT.

J. BOILEAU, *Canonicus regiæ Capellæ Parisiensis.*

J. AUBERT.

J. ROULLAND, *Præpositus Ecclesiæ Remensis.*

CL. LE FEUVRE, *Sacræ Theologiæ Professor regius & Universitatis Parisiensis Vicecancellarius.*

J. JOLLAIN, *Sacræ Facultatis Exsyndicus.*

ANT. LE PESCHEUX.

P. SANTEUIL, *è regia societate nec non regalis Ecclesiæ sancti Thomæ de Luparâ Canonicus.*

NIC. CHAUDIERE.

NIC. BLAMPIGNON, *Capicerius & Pastor sancti Mederici.*

J. B. CHOART, *Rector Ecclesiæ sancti Germani Parisiis.*

P. LEGER.

P. DE LA GENESTE.

50

H. Malet, *Carmelita.*

L. Hideux, *Ecclesiæ SS. Innocentium Rector.*

N. Navarre.

P. de Lescolle.

H. de Bordeaux, *Ecclesiæ sancti Germani de Saufiaco Rector.*

A. P. Vion d'Herouval, *Victorinus.*

J. de Corneille.

F. L. de Bourges, *Canonicus & Prior sancti Victoris Parisiensis.*

P. le Conte, *sancti Honorati Paris. Canon.*

J. Soulet.

Ph. du Bois.

J. le Fevre, *Prior Commendatarius Beatæ Mariæ de Vallicula.*

Cl. Blouin.

G. Bourret, *Sacræ Theologiæ Professor in Sorbonâ.*

L. Lattaignant, *Canonicus Regularis sancti Victoris.*

P. Aubin.

J. C. Braquet.

J. Camyn.

L. Vion d'Herouval.

Laz. Aug. le Tourneur, *Canonicus Ecclef. sancti Clodoaldi propè Parisios.*

P. GRASSET.

J. DE MOULINS, *Ecclesia Parif. Propœni-tentiarius.*

C. LE SUEUR, *Ecclesia Parisiensis Propœni-tentiarius.*

P. F. BIGRES.

D. LE BRETON, *Sacræ Theologiæ Profeſſor Na-varricus.*

J. LAMBERT.

L. NEVEU, *Ecclesia Remensis Vicedominus, & Officialis Metropolitanus.*

J. LEBERT.

J. TRIBOULART.

P. ANQUETIL, *regius librorum Cenſor.*

.... MOREAU, *Canonicus Ambian.*

L. VILDOR, *Theologus Noviomenſis.*

A. HERLAUT.

JAC. JOLLAIN, *ſancti Hilarii Pariſiis Paſtor.*

J. SARASIN, *Regius ſacrarum Litterarum Profeſſor.*

J. LE NORMANT, *Ecclesiæ ſancti Honorati Pariſienſis Canonicus, nec non Ecclesiæ Pa-riſienſis Promotor generalis.*

AND. MANSEL, *Prior ac Primarius Collegii Gervaſiani.*

C. B. DE ROSSET, *ſancti Nicolai de Lupara Canonicus.*

L. ELLIES DU PIN, *Profeſſor Regius.*

J. HUTREL, *Ecclesia ſanctæ Magdalenæ de Villa-Episcopi Lutetia Pariſiorum Rector.*

F. NOLIN.

F. LANGLOIS, *Collegii Lexovienſis Primarius.*

L. DOLE.

P. GIRARD.

P. L. LAGRENE.

J. DESHAYETTES.

Ol. Vict. Poitevin.

Al. Nereau, *Vicarius sancti Salvatoris.*

J. A. de Goey.

J. Pinssonnat, *sacrarum Litterarum Professor Regius.*

P. Gaucher, *Vicarius Eccles. sancti Rochi Parisiis.*

Ph. de la Coste, *Domus Dei Paris. Moderator.*

J. Phelipeaux, *Eccles. Meld. Thes. & Can. ac Illustr. J. B. Bossuet, Meld. Episcopi Vicarius generalis.*

L. le Blond, *magnus Vicarius in Ecclesia Parisiensi.*

G. Brunet.

F. A. d'Arnaudin, *Pastor sancti Martini in urbe sancti Dionysii.*

J. B. J. Favart, *Canonicus Ecclesia Remensis, nec non Collegii Remensis Primarius.*

Cl. Nolet.

L. de Targny.

G. du Rosey.

J. Menedrieu,

P. Davole'.

P. Camet.

A. Jacquot.

B. Andre', *Socius Laudunæus.*

J. Maucuit, *Theologus Atrebatensis.*

Ant. Michel, *Choletæus.*

And. Urbain, *Vicarius sancti Bartholomæi.*

Nic. Jourdain.

L. H. Ant. Langevin.

N. le Fevre des Chevaliers.

J. B. Mayov.

C. Gerin, *Pastor sancta Crucis in civitate.*

TH. DE BRAGELONGNE, *Abbas sancti Michaë-*
lis de Alberici nemore.
FR. P. L. C. GUESTON, *Canonicus Regula-*
ris sancti Victoris.
CAROL. DE LONGUEIL, *Victorinus.*
P. L. DES BOUILLONS,
DE LA COURT.
J. C. PIERRE,

M. POTHE'.
J. PELLETIER,

CLAUDIUS CHAPPELIER *Presbyter, Doctor*
Theologus, insignis & Metropolitanæ Eccle-
siæ Parisiensis Canonicus, nec non Officialis
Parisiensis, universis præsentes literas in-
specturis salutem in Domino; Notum faci-
mus & attestamur M. M. PIROT, & tri-
ginta septem alios ex unâ parte; sicuti M. M.
DE LA ROQUE, & nonaginta tres alios ex
alterâ, qui suprà scripta Acta signarunt,
esse omnes Doctores Theologos Facultatis &
Vniversitatis Parisiensis, eorumque signatu-
ris fidem indubiam in judicio, & extrà ad-
hiberi posse & debere. Datum Parisiis sub
signo nostro & sigillo Curiæ nostræ, anno Do-
mini 1700. die vero quartâ mensis Octobris.

CHAPPELIER.

Locus † sigilli

BATTELIER.

[illegible]

9 782019 988104